J. A. Topf & Söhne

Ein Erfurter Familienunternehmen und der Holocaust

Annegret Schüle

Titelbild: Werbeanzeige mit Firmengelände, Erfurter Stadtführer, 1935, T&S, Sammlung Gedenkstätte Buchenwald

PD Dr. Annegret Schüle, Jg. 1959, leitet den *Erinnerungsort Topf & Söhne – Die Ofenbauer von Auschwitz* am Sorbenweg 7 in Erfurt. Mit diesem Buch legt die Historikerin eine Kurzfassung ihrer Monographie *Industrie und Holocaust. Topf & Söhne – Die Ofenbauer von Auschwitz* vor, mit der sie 2012 an der Universität Erfurt habilitierte.

Landeszentrale für politische Bildung Thüringen
Regierungsstraße 73, 99084 Erfurt
www.lzt-thueringen.de
2. durchgesehene Auflage 2017

ISBN: 978-3-943588-99-6

Inhaltsverzeichnis

Einleitung

Mit der Technik für die Vernichtung von Menschen und die Leichenbeseitigung erwirtschaftete das Erfurter Unternehmen J. A. Topf & Söhne zu Beginn der 1940er-Jahre nur knapp zwei Prozent des Umsatzes jener Jahre. Doch diese zwei Prozent berechtigen, die Firma zum exemplarischen Forschungsgegenstand für die Mittäterschaft der Industrie am Holocaust zu machen. Nachdem die SS in Auschwitz entdeckt hatte, dass man mit dem Insektenvertilgungsmittel Zyklon B Tausende von Menschen in wenigen Minuten töten kann, bestand ihr größtes Problem darin, wie sie die große Zahl der Leichen spurlos verschwinden lassen konnte. Die leistungsfähigen Verbrennungsöfen von Topf & Söhne waren dafür geeignet, dieses Problem für die SS zu lösen. Auch bei der Vernichtung selbst stellten sich technische Fragen, für welche Topf & Söhne die Antworten lieferte. Erst die Ventilation durch die Be- und Entlüftungstechnik der Erfurter Firma machten es möglich, die unterirdischen Gaskammern in Auschwitz-Birkenau kontinuierlich als Tötungseinrichtung benutzen zu können. Dieses Buch handelt von Ingenieuren, die mit dem Konzipieren neuer Anlagen, auch in eigener Initiative und ohne ausdrücklichen Auftrag der SS, unmittelbar auf die Radikalisierung des Mordens in den Lagern mit neuen technischen Lösungen reagierten. Sie standen mit Stoppuhren vor den Öfen in Auschwitz, um die Verbrennungszeit zu messen und zu verkürzen. Sie nahmen am Gasmord von Menschen teil, um ihre Lüftungstechnik zu testen. In diesem Buch wird nach Antworten gesucht: Was waren das für Männer, die als Firmenchefs, Ingenieure, Kaufleute und Monteure die Geschäfte mit der SS abschlossen und umsetzten? Gefragt wird nach der beruflichen Verantwortung des Einzelnen, die sich je nach Stellung in der Unternehmenshierarchie unterschied, und nach der moralischen Verantwortung als Mensch anderen Menschen gegenüber.

Hanna Arendt beschrieb 1964 in einem Fernsehinterview mit Günter Gaus ihre Reaktion, als sie 1943 zum ersten Mal von der Massenvernichtung erfahren hatte, mit folgenden Worten: „Das Entscheidende ist ja nicht `33, jedenfalls für mich nicht. Das Entscheidende ist der Tag gewesen, an dem wir von Auschwitz erfuhren. [...] Vorher hat man sich gesagt: Nun ja, man hat halt Feinde in der Welt, nicht. Das ist doch ganz natürlich. Warum soll ein Volk keine Feinde haben? Das ist eine Bande, alles möglich. Aber dies ist anders gewesen. Das war wirklich, als ob der Abgrund sich öffnet. Weil man irgendwie die Vorstellung gehabt hat, alles andere hätte irgendwie noch einmal gut gemacht werden können, wie in der Politik ja alles irgendwie einmal wieder gut gemacht werden können muss. Dies nicht. Dies hätte nie geschehen dürfen. Und damit meine ich nicht die Zahl der Opfer. Sondern ich meine die Fabrikation der Leichen und so weiter. Da ist irgendetwas passiert, womit wir alle nicht mehr fertig werden."

Die Frage, die sich den Besucherinnen und Besuchern des 2011 eröffneten Erinnerungsortes Topf & Söhne aufdrängt, lautet: Wie war es möglich, dass die ungeheuerliche Praxis der industriellen Massenvernichtung zum Teil des Betriebsalltags in dieser Erfurter Firma werden konnte: als Lieferauftrag, als Arbeitsvorgang, als technologische Herausforderung? Die irritierende Selbstverständlichkeit, in der die in der Dauerausstellung gezeigten Betriebsdokumente das Menschheitsverbrechen in den Todesfabriken von Auschwitz widerspiegeln, ist unbequem. Denn die Techniker und Kaufleute, die in der Geschichte eine Rolle spielen, unterscheiden sich in Biographie und Lebensalltag nicht von Millionen anderer Deutscher in dieser Zeit. Viel ist in den letzten Jahrzehnten über die wie „Todesfabriken" funktionierenden Krematorien von Auschwitz-Birkenau gesagt und reflektiert worden, doch über die zwölf Unternehmen, die im Auftrag der SS diese Krematorien errichteten und ausstatteten, ist mit Ausnahme von Topf & Söhne kaum etwas bekannt. Die inzwischen gut erforschte Geschichte des Familienunternehmens aus Erfurt ist damit auch ein exponiertes historisches Beispiel dafür, wie der Holocaust durch private Unternehmen ermöglicht und getragen wurde. Mit Topf & Söhne verbindet sich die Industriegeschichte und der Massenmord in Auschwitz an 960.000 Juden, über 70.000 Polen, 21.000 Sinti und Roma, 15.000 sowjetischen Kriegsgefangenen sowie 15.000 Menschen anderer Nationalitäten.

Die Anfänge der Firma J. A. Topf & Söhne

Existenzprobleme des 62-jährigen Braumeisters Johannes Andreas Topf im Jahre 1878 standen am Anfang der Erfurter Firma J. A. Topf & Söhne. Er wurde 1816 als ältester Sohn eines Landwirts in Erfurt geboren. Die Stadt mit damals rund 15.000 Einwohnern war gerade zu Preußen zurückgekehrt, zu dem sie erst seit 1802, unterbrochen durch acht Jahre französische Besatzung, gehört hatte. Nach dem Besuch der Volksschule erlernte Johannes Andreas Topf das Brauerhandwerk und betrieb in Stolberg im Harz eine Brauerei. Mit 36 Jahren heiratete er Johanne Karoline Auguste Reidemeister und übernahm das Anwesen und die Landwirtschaft der Eltern in der Krämpfervorstadt 32 in Erfurt. Von fünf Söhnen überlebten vier die Kindheit: Gustav *1853, Albert *1857, Max Julius Ernst *1859, und Wilhelm Louis, genannt Ludwig, *1863.

StadtA Erfurt 6-0/27A1/007

Die Familie Topf 1884: Am Tisch die Eltern Johanne Karoline Auguste und Johannes Andreas Topf, links die Söhne Albert und Ludwig (stehend), rechts Julius (stehend) und Gustav. Der Herr hinten in der Mitte ist ein Freund der Familie.

Die Familie Topf war evangelisch und gehörte seit mehreren Generationen zur Gemeinde der Erfurter Kaufmannskirche, wo die Kinder getauft und konfirmiert wurden. Der dritte Sohn Julius wurde später Freimaurer und fand Aufnahme in der Erfurter Loge *Carl zu den drei Adlern im Orient von Erfurt*. Neben der Landwirtschaft braute Johannes Andreas Topf auf seinem Grundstück Bier. Als er 1864/65 versuchte, dort mit einem Partner eine eigene Brauerei und einen Bierkeller zu betreiben, verlor er seinen Grundbesitz sowie sein ganzes Vermögen einschließlich der Mitgift seiner Frau. Die vier Söhne waren zwischen zwei und zwölf Jahre alt, als die Familie in Armut geriet. Trotzdem sorgten die Eltern für eine gute Ausbildung. Nach dem Verlust des Anwesens zog die Familie in den Comthurhof, eine heute unter Denkmalschutz stehende, ehemalige Niederlassung des Deutschen Ordens in Erfurt.

Für 1867 ist zum ersten Mal das Bemühen von J. A. Topf belegt, als selbstständiger Feuerungstechniker Geld zu verdienen. 1869 begann die Zusammenarbeit mit dem vermögenden Erfurter Caesar Teichmann, einem „Cichorien- und Senf-Fabikanten". Topf gewann ihn für die Idee, nach seinem Brauverfahren Bier herzustellen. In Teichmanns Auftrag kaufte Topf seine ehemalige Brauerei in der Krämpfervorstadt zurück, wurde dort Braumeister und zog mit der Familie zurück auf das Grundstück. Doch am 1. Juli 1878 gab Topf die Stelle wieder auf. Er hätte, so eine betriebsgeschichtliche Darstellung von 1904, für die Hälfte seines bisherigen Einkommens arbeiten sollen. Kurz zuvor hatte Topf Verbesserungen bei der Braupfannenfeuerung auf eigenen Namen als Patente angemeldet. Die Neuerungen bezogen sich auf den Brauvorgang, bei dem Malz, also angekeimtes Getreide, geschrotet und mit Wasser vermischt in der Braupfanne mit Hopfen gekocht wird. Mit dem Patentgesetz des Deutschen Reiches vom 1. Juli 1877 galt erstmals ein einheitlicher Patentschutz. Das mag den Ausschlag gegeben haben, dass Topf im Alter von 62 Jahren auf seine Erfindung vertrauend einen beruflichen Neuanfang wagte.

Ab 1. Juli 1878 betrieb J. A. Topf ein eigenes feuerungstechnisches Baugeschäft, um seine Patente zu verwerten. Diese Existenzgründung, die gegen den Rat der Söhne erfolgte, erklärte das Unternehmen später zur Geburtsstunde von J. A. Topf & Söhne. Trotz einiger Aufträge aus der thüringischen Region kämpfte die Firma, die Topf von seiner Wohnung aus betrieb, ums ökonomische Überleben. Das änderte sich erst, als die zwei jüngeren Söhne Julius und Ludwig einstiegen und am 1. April 1885 J. A. Topf & Söhne, Spezialgeschäft für Heizungsanlagen, Brauerei- und Mälzereieinrichtungen, neu gründeten. Jetzt erst wurden Büroräume in der Erfurter Innenstadt angemietet. Den Söhnen gelang es rasch, ihr Angebot im Deutschen Reich und über dessen Grenzen hinaus bekannt zu machen. Eines der Geheimnisse ihres unternehmerischen Erfolgs bestand darin, sich starke Partner zu suchen und bei deren Auswahl, anders als ihr Vater, eine glückliche Hand zu haben. Mit der Firma J. A. John, einem der ältesten metallverarbeitenden Unternehmen in Erfurt, wurde die Vereinbarung getroffen, alle Produkte der Firma Topf herzustellen, zu liefern und in Rechnung stellen. Bei Topf & Söhne blieb zunächst nur die Akquisition und Konstruktion der Anlagen. Für wenige Jahre wirkten nun auch die älteren Söhne Albert und Gustav Topf bis zu ihrem frühen Tod 1893 bzw. 1896 im Unternehmen mit. 1889 verlegten die Firmen

StadtA Erfurt, 6-0/5 Willy-Brandt-Platz-006

Werbetafel vor dem Erfurter Bahnhof, um 1895. Darauf präsentiert sich J. A. Topf & Söhne mit J. A. John (rechts) und anderen Nachbarfirmen als Erfurter Eisen-Werke in der Schmidtstedter Flur.

Topf und John gemeinsam ihren Sitz vor die Tore der Stadt in das Daberstedter Feld in die Nähe des Bahnhofs. Auf erstmals eigenem Grund errichteten die Brüder Topf Werkstätten sowie ein Verwaltungsgebäude mit Büros im Erdgeschoss und Wohnräumen für ihre Familien im Obergeschoss.

1899 verlegte die Firma John ihren Standort nach Erfurt-Ilversgehofen. Nun stellte die Firma Topf, die in diesem Jahr auch ihr Logo als Warenzeichen eintragen ließ, ihre Produkte selbst her. Für diesen Schritt suchten sich die Brüder wiederum einen Partner. Mit dem Mühlenbaumeister Reinhold Matthiass gründeten sie auf ihrem Gelände die Firma Matthiass, Topf & Co. G.m.b.H., um Maschinen für die Nahrungsmittelbranche zu produzieren. Sie wurde später ganz von J. A. Topf & Söhne übernommen. Um die feuerungstechnischen Anlagen möglichst komplett liefern zu können, beteiligte sich J. A. Topf & Söhne an der unmittelbar in der Nachbarschaft gelegenen und auf den Dampfmaschinenbau spezialisierten Erfurter Maschinenfabrik Beyer & Co. Später produzierte sie die Feuerungsanlagen im eigenen Unternehmen und verkaufte ihre Anteile an der Nachbarfirma. Die Kooperationen mit Matthiass und Beyer entsprechen den zwei großen Bereichen, in die das Familienunternehmen um die Jahrhundertwende geteilt wurde: die Mälzerei-Abteilung, in der man vollständige Mälzereien (für die Herstellung von Malz aus Getreide) projektierte und ausstattete, und die Abteilung Dampfkesselanlagen, die Feuerungsanlagen, Dampfkesseleinmauerungen, Kohle- und Aschetransportanlagen, Saugzuganlagen zur künstlichen Zugverstärkung sowie Schornsteinbauten ausführte.

1901 heiratete Ludwig Topf im Alter von 38 Jahren die 18-jährige Else Kühnlenz. Dass er seine nachträgliche Hochzeitsfeier mit einem Fabrikfest am 4. Januar 1902 verband, zeigt, wie stark für ihn Betrieb und Familie zusammengehörten. Die Festzeitung zeigt rauchende Fabrikschornsteine, einen repräsentativen Park und weithin sichtbar den Firmennamen auf dem Dach – ein Familienunternehmen und eine Unternehmerfamilie präsentierten sich selbstbewusst als Kern bürgerlicher Industrie- und Arbeitskultur. Else und Ludwig Topf bekamen drei Kinder, Johanna (Rufname Hanna) *1902, Ludwig *1903 und Ernst Wolfgang *1904. Sie wurden wie ihr Vater in der Kaufmannskirche evangelisch getauft. Zunächst wohnte die junge Familie im Wohntrakt des Verwaltungsgebäudes. Julius Topf hatte sich inzwischen ein eigenes Wohnhaus auf dem Firmengelände gebaut. Ernst Wolfgang Topf war es später wichtig zu betonen, dass er „auf dem Grundstück der Maschinenfabrik J. A. Topf & Söhne“ zur Welt kam.

Aus Krankheitsgründen trat Julius Topf am 1. Januar 1904 aus der Geschäftsleitung aus und zog sich auf eine stille Teilhaberschaft zurück. Ludwig Topf, der am Tag des Ausscheidens seines Bruders seinen 41. Geburtstag beging, war nun alleiniger Firmen-

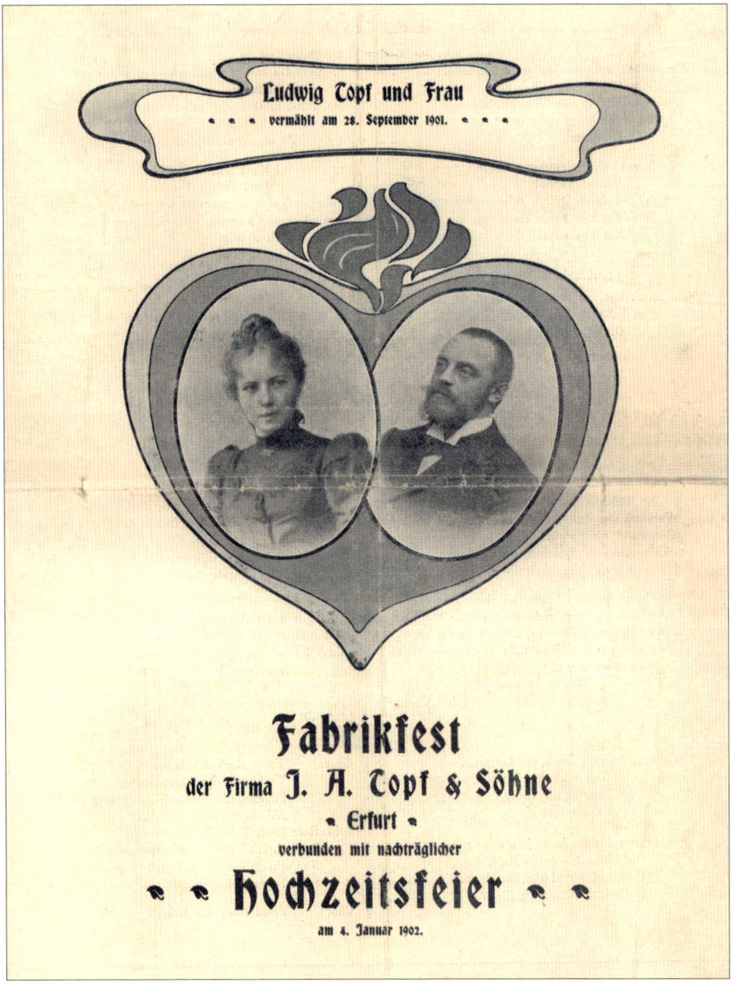

T&S, Sammlung Hartmut Topf

Festzeitung mit dem Hochzeitspaar Else und Ludwig Topf, 1902

T&S, Sammlung Hartmut Topf

Rückseite der Festzeitung (Ausschnitt), 1902
Wohnhaus der Familie Julius Topf (ganz links), Verwaltungsgebäude mit Wohnung der Familie Ludwig Topf und Montagehalle (rechts)

inhaber und Geschäftsführer. Er wurde durch den Aufschwung der Firma zu einem vermögenden Mann und gilt als einer von sieben mehrfachen Millionären in der damaligen Unternehmerschaft von Erfurt. Dennoch pflegte er keinen großbürgerlichen Lebensstil. 1909 zog die Familie zur Miete in ein Mehrfamilienhaus in der Neuwerkstraße 29. Wie der Sohn Ernst Wolfgang später berichtete, war es Ludwig Topf wichtig, dass auch seine Kinder ein Leben in Bescheidenheit kennen lernten. Als Achtjähriger habe er, Ernst Wolfgang, die Sommerferien bei einer Arbeiterfamilie in Suhl verbracht und sich das Bett mit einem gleichaltrigen Jungen teilen müssen. Darüber hinaus erinnerte er sich an „ständige Besuche in Arbeiterwohnungen, Hospitälern und Wochenendbesuche bei meiner armen Verwandtschaft auf dem Lande“. Der Luxus, den sich Ludwig Topf gönnte, bestand in einem eigenen Park. 1897 erwarb er von der Stadt ein rund vier Hektar großes Grundstück im Daberstedter Feld, circa zehn Minuten Fußweg vom Firmengelände entfernt.

Seine Arbeiter bauten dort ein großzügiges Sommerhaus für die Familie Topf. Am Rand des Parks ließ Ludwig Topf eine Kleingartenkolonie errichten, welche die Arbeiter und Angestellten seiner Firma mit ihren Familien nutzen konnten. Noch heute hebt sich das Parkgrundstück zwischen Hirnzigenweg, Rubensstraße (damals Bitscher Straße) und Wilhelm-Busch-Straße (damals Skalitzer Straße) mit seinem alten Baumbestand von der angrenzenden Wohnbebauung im Erfurter Ortsteil Daberstedt ab. Eigentümer ist inzwischen die Wohnungsbaugenossenschaft *Einheit*. Die immer noch existierenden Kleingärten werden unter dem Dach der Kleingartensparte *Hirnzigenberg e.V.* bewirtschaftet, die eine Tafel am Eingang als „ältester Verein in Erfurt – seit 1900“ ausweist.

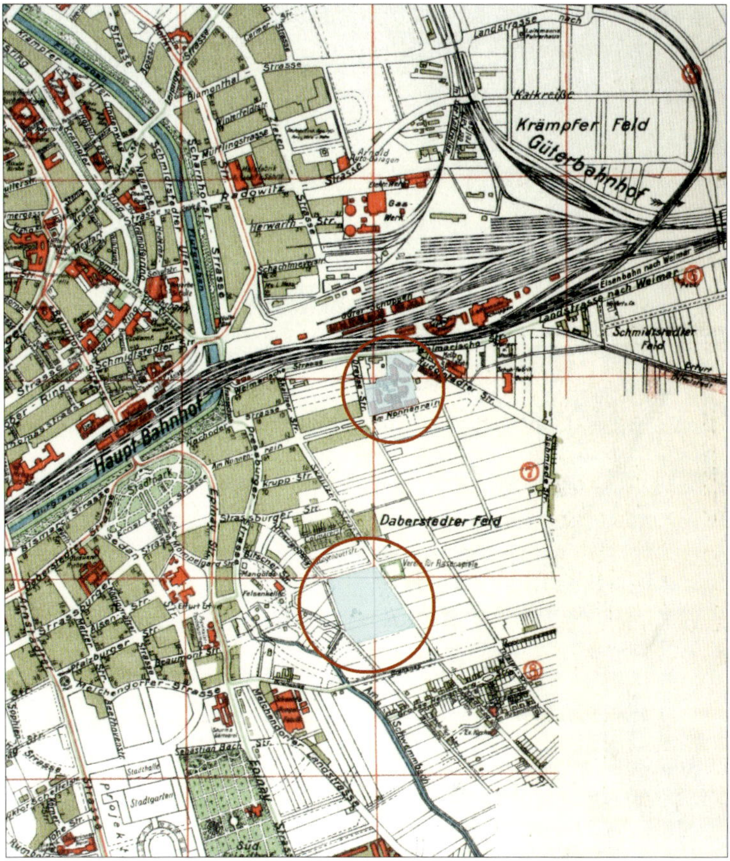

StadtA Erfurt 7-242-12

Erfurter Stadtplan mit Firmengelände (Mitte), Weimarischer Straße, Güterbahnhof, 1928. Unten Mitte das Parkgrundstück der Familie Topf

Ludwig Topf zeigte sich als erfolgreicher Manager, der die Hochkonjunktur um die Jahrhundertwende geschickt nutzte. Unter seiner Leitung wuchs Topf & Söhne bis zum Jahre 1914 auf 517 Mitarbeiter und war damit mehr als ein mittelständisches Unternehmen. Die Belegschaft setzte sich aus 96 kaufmännischen Angestellten, 99 Ingenieuren, 7 Werkmeistern sowie 315 Handwerkern und Arbeitern zusammen. Die Produkte von hoher, praxiserprobter Qualität waren durch Patente abgesichert und wurden weltweit exportiert. Topf & Söhne wurde zum internationalen Marktführer für die

ThHStAW, J. A. Topf & Söhne Nr. 288, Bl. 4r

Schema einer Vertikalmalzdarre, undatiert
In einer Malzdarre wird das mit Wasser angekeimte Getreide mit Warmluft getrocknet und so Braumalz gewonnen.

Herstellung von vollständigen Mälzereianlagen und insbesondere für Malzdarren. Die Firma exportierte in 50 Länder.

Ludwig Topf baute das Verkaufsnetz intensiv aus. Mit der Zeit unterhielt das Unternehmen in Berlin, Breslau, Brüssel, Danzig, Düsseldorf, Frankfurt a. M., Köln, Mannheim, München, Nürnberg, Stuttgart und Wien technische Büros, in denen Fachingenieure die Kunden und die Baustellen vor Ort betreuten. Zur Leistungssteigerung in der Produktion führte Topf & Söhne den Akkordlohn ein und ließ alle betrieblichen Kosten und Erträge präzise erfassen.

Auch gesellschaftlich war Ludwig Topf aktiv, nahm Einfluss als Vorstandsmitglied des Verbandes Thüringer Industrieller und stellvertretender Vorsitzender der 1845 gegründeten Erfurter Handelskammer. In Topfs Vorstandsposition spiegelt sich die wachsende Bedeutung der Metallindustrie in der Stadt um die Jahrhundertwende wider. Als Firmenpatriarch förderte er mit sozialen Anreizen die Betriebsfamilie. Er gründete die gemeinnützige Wohnungsbaugenossenschaft Schmidtstedt, die 1903 die ersten Häuser in der Dittelstedter Chaussee (heute Rudolstädter Straße) einweihen konnte, und richtete die schon erwähnten Schrebergärten ein.

StadtA Erfurt 6-0/27A7-116

Werbeplakat, 20er-Jahre

Er begründete einen Arbeiter- und Angestelltenpensionierungsfonds, führte Weihnachtsgratifikationen und Gewinnbeteiligungen sowie Prämien für Erfindungen ein. Die Quellen überliefern nicht, welche Rolle die aufkommende Arbeiterbewegung, die in Erfurt ein Zentrum hatte, im Unternehmen spielte. Eher scheint es, dass die technisch anspruchsvolle Arbeit und deren Anerkennung durch die Firmenleitung zu einer starken Betriebsbindung ohne offene Klassenkonflikte führten. Vor allem die Feuerungsbauer, unter denen sich die Mitarbeiter mit der längsten Dienstdauer befanden, waren mit der Firma und ihrer Leitung verwachsen.

Am 15. Februar 1914 schied Ludwig Topf im Alter von 51 Jahren durch Selbstmord aus dem Leben. Die Monteure im Feuerungsbau gedachten ihrem „gütigen und gerechten Arbeitgeber" mit einer eigenen Traueranzeige, in der es hieß, er habe „jederzeit für das Wohl der in seinen Diensten Stehenden ein warmes Herz und treue Fürsorge bekundet". Als er starb, litt er laut Todesanzeige seiner Gattin an „geistiger und nervenmässiger Überarbeitung" und hielt sich in einem Sanatorium in Neustadt im Südharz auf. Bereits 1909 hatte er Pläne gehegt, eine der beiden Firmenabteilungen Mälzerei- und Dampfkesselanlagen oder gar beide zu verkaufen, da ihm „die Betreibung beider Geschäfte auf die Dauer zu viel" war. Doch dazu war es nicht gekommen. Im selben Jahr wie sein Bruder Ludwig starb auch der vier Jahre ältere Julius Topf überraschend an einer Blutvergiftung. In den Erfurter Zeitungen wurde Ludwig Topf nach seinem Tod als „charakteristische Erscheinung unter den Großindustriellen der Stadt" gewürdigt. Der Protestant wurde im ersten deutschen Krematorium in Gotha feuerbestattet. Ludwig Topf war nicht nur Anhänger der Feuerbestattung, er hatte in ihr auch eine wirtschaftliche Chance gesehen. Die Entwicklung von Krematoriumsöfen ab 1912 wurde die letzte Erweiterung des Produktionsprofils unter seiner Ägide. Seine Einäscherung am 18. Februar 1914 fand „unter sehr zahlreicher Beteiligung, hauptsächlich aus Kreisen der mitteldeutschen Industrie" statt, wie die Presse vermeldete. An der Feier nahm auch der Vorsitzende der Handelskammer Friedrich Benary teil. Dessen jüdischer Vater Ernst Benary hatte mit seiner Feuerbestattung 1893 in Gotha einen Eklat heraufbeschworen, weil das orthodoxe Judentum eine Feuerbestattung strikt ablehnt. In den Männern der Familien Topf und Benary trafen sich ungeachtet ihrer unterschiedlichen religiösen Wurzeln die Vertreter eines liberalen, gebildeten und für neue technische und kulturelle Entwicklungen aufgeschlossenen Bürgertums. Mit ihrer Entscheidung für die Feuerbestattung waren sie Wegbereiter der Moderne.

Ludwig Topf hatte zahlreiche geschäftliche, nachbarschaftliche und freundschaftliche Beziehungen zu Juden, die auch das Leben der Söhne prägten. Dazu gehörte die Familie von Adolf Hess, Mitinhaber der Schuhfabrik M. & L. Hess, die Nachbarn in der Neuwerkstraße 29 gewesen waren. Über die Firma J. A. John kannten die Topfs sicher auch den Berliner Henry Pels, Alleinvertreter der von John produzierten Werkzeugmaschinen und ab 1902 Partner von Hugo John in der Berlin-Erfurter Maschinenfabrik Henry Pels & Co. Beziehungen bestanden auch zur Malzfabrik H. & S. Windesheim in Arnstadt, 1872 von den zwei Brüdern Hermann und Sally Windesheim aus Erfurt gegründet und von den Söhnen von Hermann, Hugo und Max Windesheim, Anfang des 20. Jahrhunderts zu einer der bedeutendsten Malzfabriken in Deutschland ausgebaut. Diese Beziehungen zu jüdischen Unternehmern waren nichts Ungewöhnliches. Die Generation der Gründerzeit, als deren typischer Vertreter Ludwig Topf gelten kann, entstammte oft einfachen Techniker-, Handwerker- und Kaufmannsfamilien. Im Aufstieg aus eigener Kraft, im Herkunftsbewusststein und in der Übernahme gesellschaftlicher Verantwortung lagen die Berührungspunkte dieser Gründergeneration mit jüdischen Unternehmerpersönlichkeiten nach der reichsweiten Gleichberechtigung der Juden 1871.

In der Firmenleitung führte der frühe Tod von Ludwig Topf nicht zu einem Kontinuitätsbruch. Die Direktoren der beiden Abteilungen hatten schon zuvor große Eigenständigkeit besessen und blieben unter der neuen Eigentümerin, der Witwe Else Topf, weiter im Amt.

Im Ersten Weltkrieg wurde die Produktion um Granaten, Geschützprotzen und andere Kriegsfahrzeuge erweitert. Die immensen Kohlelieferungen, die im Versailler Vertrag als Reparationszahlungen verlangt wurden, nötigten die deutsche Industrie, von Stein- auf Braunkohle umzustellen. Topf & Söhne reagierte darauf mit der Entwicklung von Braunkohlefeuerungen, die nicht nur in ihrer Dimension innovativ waren, sondern auch, weil sie halb- oder vollmechanisch arbeiteten. Der Schornsteinbau wurde nach dem Krieg ausgeweitet, das Exportgeschäft konnte besonders bei der Einrichtung von Brauereien gesteigert werden. Bei der Einrichtung kompletter Mälzereianlagen sah sich die Firma gar als „bedeu-

Sammlung Dieter Lux

Else Topf (1882–1940), 1930

tendste Spezialfabrik der Welt“. Seit 1925 wurden auch Be- und Entlüftungsanlagen, Einrichtungen für Späne- und Staubabsaugung sowie Klimaanlagen gebaut.

Schwierig muss nach dem Tod von Ludwig Topf die Lage für seine Familie gewesen sein, waren die Kinder doch erst elf, zehn und

ThHStAW, J. A. Topf & Söhne Nr. 181, Bl. 119r

Werbebroschüre, 1903

neun Jahre alt. Die Mutter schickte ihre beiden Söhne in ein Internat im thüringischen Gumperda, rund 20 km südlich von Jena. Ernst Wolfgang hatte zuvor die Grundschule besucht, sein um ein Jahr älterer Bruder Ludwig das Realgymnasium in der Barfüßerstr.

DMA, FA Topf & Söhne

Werbebroschüre, undatiert

22, die Nachfolgeeinrichtung heute ist das Heinrich-Mann-Gymnasium in der Gustav-Freytag-Str. 65. Für ein Jahr kehrte Ernst Wolfgang im Frühjahr 1920 nach Erfurt zurück, um die 11. Klasse in der Oberrealschule für Jungen am Krämpferring 25 zu absolvieren (im heute noch erhaltenen Ostflügel befindet sich die Humboldt-Grundschule am Juri-Gagarin-Ring 126). 1922 legten beide Söhne in Sondershausen ihre Reifeprüfung ab. Dass dies zeitgleich geschah, gibt einen ersten Hinweis, dass Ernst Wolfgang seine Ausbildung konsequenter als sein älterer Bruder Ludwig verfolgte. Nach dem Abitur kam es zum Zerwürfnis zwischen Ludwig Topf und seiner Mutter. 1923 brach die Mutter auch mit ihrer Tochter Johanna nach deren Hochzeit mit Franz-Seraph Stetter. Fast ein Jahrzehnt später, 1932, kam es zum Bruch zwischen Else Topf und dem jüngeren Sohn Ernst Wolfgang, nachdem dieser Erika Wittenberg geheiratet hatte. Später wird Ludwig Topf es seiner Mutter nachtun. Auch er wird in den letzten Monaten seines Lebens mit seinen Geschwistern brechen und sie noch in der Nacht seines Selbstmordes am 31. Mai 1945 enterben. Ernst Wolfgang Topf wird danach von einer seelischen Erkrankung sprechen, die der Sohn von der Mutter geerbt habe.

Da die Wehrplicht durch den Versailler Vertrag abgeschafft worden war, gehörten beide Brüder zu den „ungedienten Jahrgängen". Nach der Schule studierte Ludwig Topf Maschinenbau an der Technischen Hochschule Hannover, wobei er sich mangels Unterstützung durch seine Mutter das Studium selbst finanzieren musste. Danach verbrachte er – nach eigenen Angaben gesundheitlich beeinträchtigt – weitere fünf Jahre an den Universitäten Leipzig, Berlin und Rostock, wo er eine ganze Reihe von Fächern studierte: Nationalökonomie, Privatwirtschaftslehre (heute Betriebswirtschaftslehre), Soziologie, Zeitungskunde (heute wäre das Kommunikations- und Medienwissenschaften), Geographie und Jura. 1931 will er eine Doktorarbeit zum Thema „Die Malzfabrikation in Deutschland" zu fünfzig Prozent fertiggestellt haben. Einen akademischen Abschluss erwarb Ludwig Topf in den neun Jahren, die er an diversen Hochschulen zubrachte, nicht. Zielgerichteter wirkt der Werdegang seines jüngeren Bruders Ernst Wolfgang. Dieser absolvierte nach dem Abitur ebenfalls in Hannover eine kaufmännische Lehre in der Eisenwarengroßhandlung Oskar Winter, die er 1924 beendete. Dann schloss er zwei Praktika von je sechs Monaten an, zuerst in der Hausbank der Firma Topf, im Bankhaus

Adolph Stürcke in Erfurt, anschließend in der Malzfabrik H. & S. Windesheim. Mit einem der Söhne des 1890 verstorbenen, jüdischen Firmengründers Sally Windesheim, dem 20 Jahre älteren Erfurter Rechtsanwalt und Notar Hans Windesheim, war Ernst Wolfgang Topf in freundschaftlichem Kontakt, bis dieser sich noch kurz vor Beginn des Zweiten Weltkriegs vor der nationalsozialistischen Verfolgung nach Kalifornien retten konnte. Nach seinem Praktikum in der Malzfabrik ging Ernst Wolfgang Topf gemeinsam mit seinem Bruder Ludwig nach Leipzig. Er besuchte dort die Handelshochschule, die er 1929 mit dem Kaufmannsdiplom abschloss. Gleichzeitig hatte er drei Semester Jura studiert und wollte in diesem Fach promovieren. Auffällig ist, dass die Brüder trotz ihres unterschiedlichen Ausbildungs- und Studienverlaufes immer wieder die räumliche Nähe suchten, dass sie „immer zusammen" waren, wie es Ernst Wolfgang Topf im Rückblick auf ihre Studienzeit beschrieb.

Ein Ofenbau-Ingenieur: Kurt Prüfer

Die Firma, die ab 1914 städtische Krematorien ausstattete, stieg in den 1920er-Jahren zum führenden deutschen Hersteller von Feuerbestattungsöfen auf. An dieser Entwicklung hatte Kurt Prüfer entscheidenden Anteil. Er wurde 1891 als Sohn eines Lokomotivführers in Erfurt geboren, hatte zwölf Geschwister und wurde evangelisch getauft. Nach acht Jahren Schule schloss er die Maurerlehre mit „sehr gut" ab und studierte Hochbau an der Königlichen Baugewerkeschule in Erfurt, heute der Standort des Fachbereichs

ThHStAW, J. A. Topf & Söhne Nr. 252, Bl. 14v

Kurt Prüfer (1891–1952), 20er-Jahre

Architektur der Fachhochschule. Er wollte unbedingt bei der bekannten Firma Topf & Söhne arbeiten und erreichte 1911 schließlich beim dritten Versuch seine Einstellung. Im Oktober 1912 verließ er die Firma, weil er seinen Militärdienst ableisten musste. Im Ersten Weltkrieg kämpfte er mit dem Erfurter Infanterieregiment 71 mehrere Jahre an der Westfront. Die Bedeutung von Prüfers Kriegserfahrung für sein späteres Handeln ist als nicht gering einzuschätzen. Als Soldat an der Westfront war er mit dem Massentod konfrontiert, ein Menschenleben war nichts wert. Dass er selbst überlebte, wird ihn in seinem Ehrgeiz und Stolz gestärkt haben.

1920 schloss Kurt Prüfer sein Studium an der nun staatlichen Baugewerkschule ab. Als fertig ausgebildeter Ingenieur kehrte er kurz vor seinem 29. Geburtstag zur Firma Topf & Söhne zurück. Jetzt ging er eine Ehe ein, die kinderlos blieb. Prüfer wurde in der Abteilung D, dem Feuerungsbau, eingesetzt, wo er sich auf den kleinen, aber zukunftsträchtigen Bereich der Krematoriumsöfen spezialisierte. Ab 1925 konstruierte Prüfer in seiner Abteilung Ofenbau zusätzlich Müllverbrennungsöfen, darunter Öfen zur Verbrennung von Kadavern. Er wusste, dass es bei diesen Anlagen nur darauf ankam, schnell und brennstoffsparend den Abfall zu beseitigen. Während er die Krematoriumsöfen in den firmeninternen Unterlagen „Einäscherungsanlagen" nannte, hießen seine Müllverbrennungsöfen „Vernichtungsöfen".

1925 bekam Kurt Prüfer einen neuen Vorgesetzten, den 15 Jahre älteren Fritz Sander. Er war 1876 als Sohn eines Angestellten in Leipzig geboren worden. Mit seiner „mittleren technischen Ausbildung" hatte er einen mit Kurt Prüfer vergleichbaren Abschluss. Seit 1910 arbeitete Fritz Sander bei Topf & Söhne. In den Quellen findet sich kein Hinweis, dass er Kriegsteilnehmer war. 1920 war er zum Oberingenieur ernannt worden, ein Titel, den die Firma vergab. 1928 wurde ihm Gesamtprokura verliehen, d. h. er durfte die Firma nach außen vertreten. Fritz Sander arbeitete sich zum wichtigsten Mann im Feuerungsbau hoch und war dabei auch für den kleinen Bereich Ofenbau von Kurt Prüfer verantwortlich. Sander bekam alle Konstruktionspläne Prüfers zur Begutachtung auf den Schreibtisch. Zwar wurde dieser 1935 auch zum Oberingenieur befördert, aber damit war für ihn das Ende der Karriereleiter erreicht. Im Unterschied zu Sander sprach Ernst Wolfgang Topf Prüfer das „Format einer disponierenden Kraft, die im Interesse der Firma handelt" ab.

ThHStAW, J. A. Topf & Söhne Nr. 292, Bl. 7r

Krematorium in Forst (Lausitz), undatiert. Der gasbeheizte Ofen wurde 1928 von Topf & Söhne eingebaut.

Topf & Söhne war nicht der einzige Anbieter für Krematoriumsöfen in der Weimarer Republik, jedoch der erfolgreichste. Das hatte seinen Grund darin, dass die Firma die Gebote der Pietät technisch optimal umsetzte. Sie verbesserte nicht nur den koksbeheizten Ofen unter Pietätskriterien, sondern installierte 1927 auch den ersten rein gasbeheizten Ofen in Dresden. Zudem brachte das Unternehmen den ersten elektrisch beheizten Ofen auf den Markt. Auch international fand die Feuerbestattungstechnik von Topf & Söhne Beachtung. So wurde das erste sowjetische Krematorium in einem ehemaligen Kloster in Moskau 1926 mit einem Topf-Ofen ausgestattet.

Kurt Prüfer wurde Vorsitzender der 1924 in Erfurt gegründeten Ortsgruppe des *Volks-Feuerbestattungsvereines Groß-Berlin* und trug mit seinen öffentlichen Vorträgen und Krematoriumsführungen dazu bei, dass die Ortsgruppe in sechs Jahren 20.000 Mitglieder gewann. 1925 erwarb sie ein eigenes Haus in der Johannesstraße 18 und richtete dort ihre Geschäftsstelle ein. War die Feuerbestattungsbewegung im 19. Jahrhundert von Vertretern des säkularisierten, aufgeklärten Bürgertums ausgegangen, so gelang ihre Verbreitung in der Weimarer Republik, weil sie in breiten Arbeiterkreisen Fuß fassen konnte. Volksfeuerbestattungsvereine, zumeist von Gewerkschaftskreisen gegründet, hatten daran einen entscheidenden Anteil. Gleichwohl blieb der Bau von Feuerbestattungsöfen von seinem Umfang her immer ein Randbereich bei J. A. Topf & Söhne.

Die dritte Unternehmergeneration: Ernst Wolfgang und Ludwig Topf

T&S, Privatsammlungen

Ernst Wolfgang (1904–1979) und Ludwig Topf (1903–1945), Ende 30er-Jahre

1929 trat Ernst Wolfgang Topf als kaufmännischer Angestellter in das Unternehmen ein. Zwei Jahre später folgte ihm sein Bruder Ludwig und wurde Angestellter im Feuerungsbau. Anfang der 30er-Jahre geriet die Firma in den Strudel der Wirtschaftskrise. Ende 1932 wurde beiden Brüdern mit Verweis auf die Wirtschaftskrise gekündigt. Das im Frühjahr 1933 drohende Konkursverfahren wurde, so Ernst Wolfgang Topf dreizehn Jahre später, gegen ihn und seinen Bruder instrumentalisiert. Glaubt man ihm, so nutzten die nationalsozialistisch eingestellten Männer in der Firmenleitung die neuen Machtverhältnisse, um die politisch missliebigen Brüder um ihr Erbe zu bringen – wobei die Mutter als Inhaberin die Direktoren gewähren ließ. Als „Judengenossen" hätten sie „ihr Anrecht auf die Leitung verloren", soll Betriebsdirektor Dr. Ing. Spindler auf einer nach dem 30. Januar 1933 einberufenen Betriebsversamm-

ThHStAW, J. A. Topf & Söhne Nr. 290, Bl. 67r

Gemeinsames Büro von Ludwig und Ernst Wolfgang Topf im 1. Obergeschoss des Verwaltungsgebäudes, undatiert

lung gesagt haben. Ein führender Funktionär der Nationalsozialistischen Betriebszellenorganisation habe daraufhin den Brüdern in Aussicht gestellt, bei einem Parteieintritt würde man ihrer Übernahme des Betriebes nicht weiter im Wege stehen. Ernst Wolfgang und Ludwig Topf, die nach ihrer Kündigung Hausverbot auf dem Betriebsgelände hatten und nach eigenen Angaben in „absolute Mittellosigkeit" gestürzt wurden, wollten die Firma ihres Vaters nicht aufgeben. Sie „kapitulierten", so die Wortwahl von Ernst Wolfgang Topf, weil die Mutter jeden Kontakt mit ihnen verweigerte und selbst der „Volljude Windesheim", ein Freund von Ernst Wolfgang Topf, den Parteieintritt als „Tarnung" empfahl. Der Eintritt der Brüder Topf in die NSDAP geschah demnach nicht aus politischer Überzeugung, sondern aus Kalkül. Man kam den neuen Machthabern entgegen, um den eigenen Familienbetrieb zu retten. Mit den Brüdern Topf traten Kurt Prüfer und der kaufmännische Prokurist Max Machemehl in die Partei ein. Prüfer war bis Ende 1937 auch Betriebsobmann der nationalsozialistischen Deutschen Arbeitsfront. Davon abgesehen gab es relativ wenig Nazis in der kaufmännischen und technischen Leitung sowie insgesamt im Unternehmen. Im November 1945 zählte der mehrere hundert Mitarbeiter umfassende Betrieb elf ehemalige NSDAP-Mitglieder.

Die Brüder Topf erreichten, dass der Gläubigerausschuss sie anhörte und sich auf ihre Seite stellte. Ihre Entlassung wurde rückgängig gemacht. Die bisherige Direktion wurde abgelöst. Ernst Wolfgang Topf wurde als kaufmännischer Leiter und Ludwig Topf als technischer Leiter eingesetzt.

Die Arbeitsteilung im Betrieb und das verwandtschaftliche Zusammenleben scheinen funktioniert zu haben. Ludwig Topf baute das Sommerhaus der Familie im Park des Vaters zu einer Villa für sich aus. Das Anwesen war für ihn der „repräsentative Ausdruck des Wohlstands der Firmeninhaber gegenüber den sehr zahlreichen Ausland-Besuchern und -Kunden unseres Werkes". Ludwig Topf blieb ledig. In der Zeit vor seinem Tod im Mai 1945 war er mit der 19 Jahre jüngeren Ursula Albrecht liiert, einer Sekretärin der Firma. Mit ihr soll er zurückgezogen in seiner Villa gelebt haben.

Ernst Wolfgang Topf dagegen wohnte mit seiner Frau und zwei Kindern in einer Mietwohnung in der Daberstedter Straße 17a (heute ein Teil der Schillerstraße). Das bedeutet allerdings nicht,

ThHStAW, J. A. Topf & Söhne Nr. 313, Kontaktabzug 1 Bild 7

Privatvilla von Ludwig Topf mit Firmenlogos, undatiert

dass er ärmer gewesen wäre. 1935 wurde die Einzelfirma in eine Kommanditgesellschaft (KG) umgewandelt, die Brüder wurden die Geschäftsführer und persönlich haftenden Gesellschafter, die Schwester wie auch die Mutter mit ihrer Einlage Kommandistinnen. Gab Else Topf damit vordergründig das Zepter an ihre Söhne ab, so sicherte sie sich doch ihren dominanten Einfluss. Mit einer Kommanditeinlage von 350.000 Reichsmark blieb sie selbst die wichtigste Kapitalgeberin. Am deutlichsten zeigt sich ihr Misstrauen gegenüber den Söhnen darin, dass sie ihnen die Verpflichtung abverlangte, für die Dauer der ersten fünf Jahre kein Geld aus dem Gewinn zu entnehmen – wozu sie als Gesellschafter an sich berechtigt waren. Ab 1940, als die Geschwister Zugriff hatten, teilten sie den gesamten Gewinn unter sich auf, ohne in die Firma zu reinvestieren – ein Verhalten, das die Vorsichtsmaßnahmen der am 21. Juni 1940 im Alter von 57 Jahren verstorbenen Mutter Else nachträglich bestätigte. Ihre mit der Mutter ausgehandelte monatliche Vergütung von 700 RM erhöhten die Brüder 1941 auf je 2000 RM.

Entwicklung der Beschäftigtenzahlen bei J. A. Topf & Söhne 1939-1944 (einschließlich der Lehrlinge und der ausländischen Arbeitskräfte)

Jahr	Belegschaft	Arbeiter	Angestellte
1939	1.150	860	290
1940	1.064	766	298
1941	847	590	257
1942	730	498	232
1943	838	644	194
1944	791	610	181

1939 erreichte die Firma ihre höchste Beschäftigtenzahl mit 1.150 Arbeitern und Angestellten. Doch nach Kriegsbeginn am 1. September wurden insgesamt zwei Drittel der Arbeiter und ein Drittel der Angestellten eingezogen. Ersetzt wurden sie ab 1941 durch ausländische Zwangsarbeiter, eine übliche Praxis deutscher Unternehmen während des Krieges. Die Arbeiter aus Osteuropa und der Sowjetunion wurden gegen ihren Willen nach Deutschland

Nachweisung 15

über die am 7. Juli 1942 eingestellten russischen Zivilarbeiter aus der Ukraine. (Sämtliche 50 russischen Zivilarbeiter waren in der Heimat in der Landwirtschaft tätig, sind am 29.6.42 aus der Ukraine abtransportiert und wohnen ab 7.7.42 im Barackenlager der Fa. J.A. Topf & Söhne, Erfurt, Nonnenrain.)

?) Die fehlenden Geburtsdaten können von den Leuten nicht angegeben werden.

Gef.-Nr.:	Name: Vorname	geb.am: in(Ort)	Beruf: in der Heimat	ledig Verh.:	Kinder:	Heimatanschrift:
1116	[redacted], [redacted]	?) 1926 Dorf Hardaschiwka /Kr. Kiew	Hilfsarbeiter	ledig	-	Dorf Hardaschiwka/Kr. Kiew
1117	[redacted], [redacted]	12.11.03 Dorf Pawlowka /Kr. Kiew	Hilfsarbeiter	verh.	2 im Alter v. 14 + 16 Jahren	Dorf Pawlowka/Kr. Kiew
1118	[redacted], [redacted]	4.5.26 Dorf Saliski /Kr. Kiew	Hilfsarbeiter	ledig	-	Dorf Saliski Kr. Kiew
1119	[redacted], [redacted]	17.7.04 Saleski /Kr. Kiew	Hilfsarbeiter	verh.	4 im Alter v. 2-16 Jahren	Saleski/Kr. Kiew
~~[illegible]20~~	~~[redacted], [redacted]~~	~~?) 1910 Dorf Moschurow /Kr. Kiew~~	~~Hilfsarbeiter~~	~~verh.~~	~~2 im Alter v. 2+5 Jahren~~	~~Dorf Moschurow/Kr.Kiew~~
1121	[redacted], [redacted]	15.5.1925 Dorf Romaniwka /Kr.Kiew	Hilfsarbeiter	ledig	-	Dorf Romaniwka
~~1122~~	~~[redacted], [redacted]~~	~~20.7.1898 Dorf Pawlowka/Kr. Kiew~~	~~Hilfsarbeiter~~	~~verh.~~	~~1 im Alter v.13 Jahren~~	~~Dorf Pawlowka/Kr. Kiew~~
1123	[redacted], [redacted]	23.10.1926 Moschuriw Kr. Kiew	Hilfsarbeiter	ledig	-	Moschuriw Kr. Kiew
1124	[redacted], [redacted]	?) 1926 Dorf Krywykulina/Kr.Kiew	Hilfsarbeiter	ledig	-	Dorf Krywykulina/Kr.Kiew
1125	[redacted], [redacted]	?) 1890 Dorf Pawlowka/Kr. Kiew	Hilfsarbeiter	verh.	4 im Alter v.4-15 Jahren	Dorf Pawlowka/Kr. Kiew
1126	[redacted], [redacted]	11.12.1902 Dorf Pawlowka /Kr. Kiew	Hilfsarbeiter	verh.	1 im Alter v. 14 Jahren	Dorf Pawlowka /Kr. Kiew
1127	[redacted], [redacted]	?) 1927 Dorf Hordaschiwka/Kr.Kiew	Hilfsarbeiter	ledig	-	Dorf Horda-Schiwka /Kr. Kiew
1128	[redacted], [redacted]	12.2.1899 Dorf Romanowka /Kr. Kiew	Hilfsarbeiter	verh.	-	Dorf Romanowka /Kr. Kiew
1129	[redacted], [redacted]	?) 1926 Moschuriw /Kr. Kiew	Hilfsarbeiter	ledig	-	Moschuriw Kr. Kiew
1130	[redacted], [redacted]	9.2.1927 Moschuriw Kr. Kiew	Hilfsarbeiter	ledig	-	Moschuriw Kr. Kiew
1131	[redacted], [redacted]	?) 1926 Dorf Hordaschiwka/Kr.Kiew	Hilfsarbeiter	ledig	-	Dorf Hordaschiwka/Kr. Kiew

J. A. Topf & Söhne Erfurt Maschinenfabrik

- II -

ThHStAW, J. A. Topf & Söhne Nr. 82, Bl. 15r

Erfassung von ukrainischen Zwangsarbeitern aus dem Kreis Kiew durch das Unternehmen, 1942 (Auszug). Die Namen sind aus Datenschutzgründen geschwärzt.

verschleppt, als sog. Ostarbeiter hatten sie die schlechtesten Arbeits- und Lebensbedingungen. Die Arbeiter aus Westeuropa wurden zumeist formal als freie Beschäftigte angeworben, konnten jedoch nach Ablauf ihres Arbeitsvertrags nicht oder nur mit großen Schwierigkeiten in ihre Heimat zurückkehren. Die Zwangsarbeiter wurden der Firma vom Arbeitsamt zugewiesen, ihr Anteil an der Gesamtbelegschaft betrug zwischen 25 und 40 Prozent. Für Topf & Söhne sind mindestens 620 Zwangsarbeiter in den Quellen belegt. Die größte Gruppe kam aus Frankreich, dann Italien, der Sowjetunion und Belgien. Wenige kamen aus Polen, Holland, Kroatien und der Tschechoslowakei.

Unter den Sowjetbürgern und Franzosen waren auch Kriegsgefangene. Die Italiener waren überwiegend sog. Militärinternierte, also Soldaten, die nach der Kapitulation Italiens vor den Alliierten im September 1943 von den Deutschen gefangen genommen worden waren. Für die Zwangsarbeiter wurde ein bewachtes Barackenlager an der südlichen Grenze des Firmengeländes eingerichtet, das „Gefangenenlager“ oder auch „Russenlager“.

Eine Baracke hatte eine Grundfläche von 250 m² (25 m Länge, 10 m Breite) und sollte 52 Zwangsarbeitern als Unterkunft dienen, wobei sich diese einen Schlafraum, einen Aufenthaltsraum und ei-

ThHStAW, J. A. Topf & Söhne Nr. 313, Bl. 33r

Zwangsarbeiterlager der Firma, von Südwesten, links die Montagehalle, um 1943

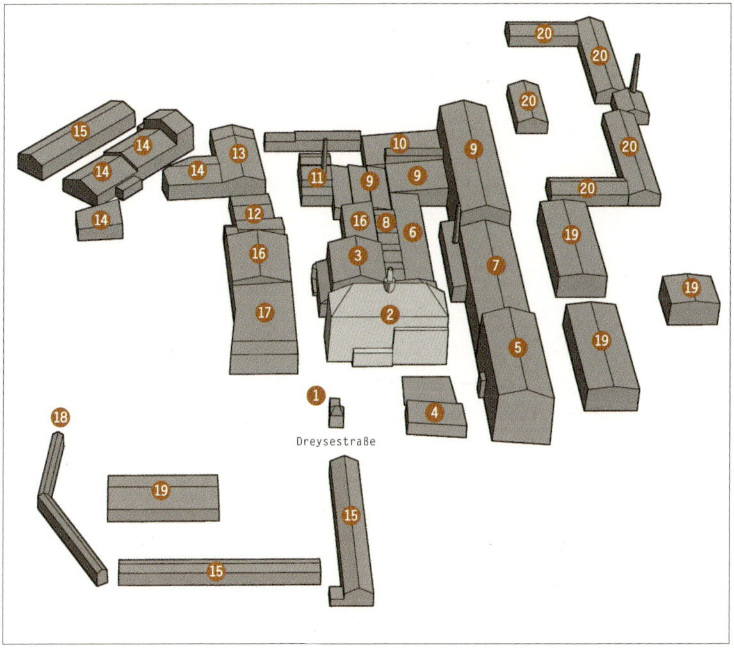

Schema: Annegret Schüle, Gestaltung © 2010 Jan Rößler;
Partner des Bauhaus.TransferzentrumDESIGN, Weimar

Fabrik und Verwaltung, 1944/45

1 Pforte
2 Verwaltungsgebäude
3 Versand- und Bürogebäude
4 Eisenlager
5 Montagehalle
6 Gussteillager
7 Mechanische Fertigung
8 Kleinmateriallager / Betriebsabrechung
9 Schlosserei
10 Schmiede
11 Lehrlingswerkstatt
12 Kantine / Gefolgschaftsraum
13 Wasch- und Umkleideraum
14 Klempnerei
15 Lager (Schamottesteine, Holz, Baumaterial)
16 Fertigteillager
17 Versandlager
18 Lager für Gussmodelle
19 Produktionsbaracken für Flugzeugteile
20 Barackenlager für die Zwangsarbeiter

nen Waschraum teilen mussten. Die Zwangsarbeiter mussten 56 Stunden pro Woche arbeiten, die Deutschen nur 42 Stunden. „Sie bekamen 25 bis 30 % weniger Lohn als die festangestellten Arbeiter der Firma. Davon erhielten sie lediglich einen geringen Teil ausbezahlt, denn fast ihr ganzer Lohn wurde für ihre Verpflegung und andere Leistungen aufgewendet", sagte der für den Zwangsarbeitereinsatz verantwortliche Betriebsdirektor Gustav Braun nach dem Krieg aus. Sicher ist, dass es Misshandlungen gab. So wurde Wilhelm Buchröder, Lagerführer, hauptamtlicher Werkschutz-Mitarbeiter und Mitglied der SA, 1944 mit der Begründung von E. W. Topf entlassen, er habe Ausländer geschlagen und diese würden ihn ablehnen. Allerdings sind ebenso Misshandlungen der Zwangsarbeiter durch Buchröders Nachfolger Liedloff belegt.

Ernst Wolfgang Topf wurde nach dem Krieg nicht müde, zu betonen, dass sich die Firma nicht an der Rüstungsproduktion beteiligt habe. Das trifft nicht zu. In der Abteilung Sonderfertigung baute das Unternehmen ab Mitte 1940 Granaten, reparierte ab Anfang 1941 Flugzeugteile und stellte diese ab 1943 auch her. In dem Programm für die Luftwaffe war ein Fünftel aller Arbeiter be-

ThHStAW, J. A. Topf & Söhne Nr. 277, Bl. 1r

Siloanlage Müller in Brake an der Weser, 1935 von Topf & Söhne errichtet

schäftigt, darunter mehrheitlich ausländische Arbeitskräfte. Auch seinen Wiederaufstieg im Nationalsozialismus verdankte das Unternehmen indirekt der Kriegsvorbereitung. Ab 1934 nahm die Firma, die jahrzehntelange Erfahrung mit Anlagen zur Getreidever-

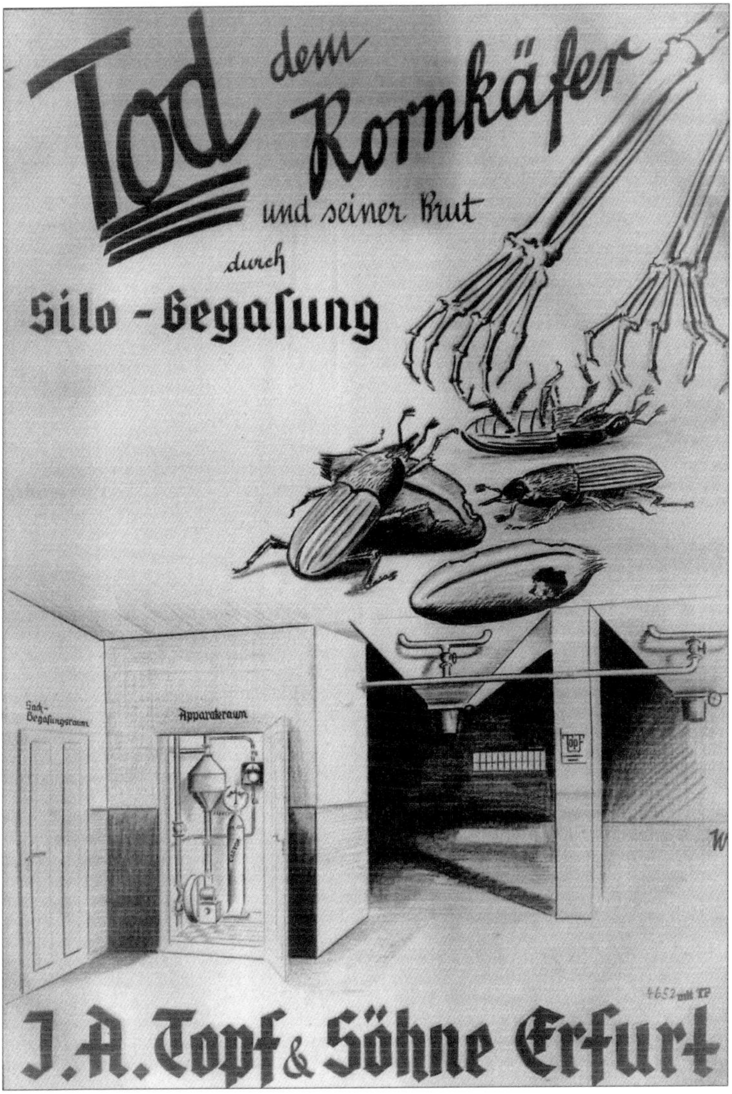

ThHStAW, Sammlung Jean-Claude Pressac Nr. 32, Bl. 311r

Entwurf einer Werbeanzeige, undatiert

arbeitung hatte, Großspeicher in ihr Programm auf. Der Bereich Speicherbau wurde zu einer eigenen Abteilung E II im Bereich Mälzerei- und Speicherbau.

In Kombination mit den Großspeichern bot die Firma Begasungsanlagen zur Vernichtung von Getreideschädlingen an, die in der Abteilung A Trocknerbau hergestellt wurden. In diesen Anlagen kamen die als Vorratsschutzmittel üblichen Gifte Cartox und Areginal zum Einsatz. Die Speicherproduktion prädestinierte das Unternehmen zum idealen Lieferanten für die Staatsaufträge, die im Rahmen des 1936 verkündeten sog. Vierjahresplans die „Wehrhaftmachung“, d. h. Kriegsfähigkeit des Deutschen Reiches erreichen sollten. Mit den Speichern sollte die Ernährung der Soldaten und der Zivilbevölkerung im geplanten Krieg sichergestellt werden. Mit der Lieferung von Heeres- und Reichsspeichern steigerte die Firma Topf & Söhne ihren Umsatz von einer Million Reichsmark im Jahre 1933 auf sieben Millionen Reichsmark im Jahre 1941.

Entwicklung des Umsatzes der Firma J. A. Topf & Söhne 1929–1938 (in Reichsmark)

Jahr	Insgesamt	Ausland	Inland
1929	3.820.013,-	593.066,-	3.226.947,-
1930	3.461.273,-	821.919,-	2.639.318,-
1931	1.818.636,-	574.936,-	1.343.700,-
1932	1.032.156,-	281.968,-	750.188,-
1933	1.033.115,-	269.793,-	763.322,-
1934	1.878.188,-	172.195,-	1.697.993,-
1935	3.526.649,-	669.146,-	2.857.503,-
1936	3.205.432,-	494.738,-	2.710.694,-
1937	4.170.474,-	511.961,-	3.658.513,-
1938	5.018.016,-	947.424,-	4.070.592,-

Mit Beginn des Zweiten Weltkriegs wurde der Speicherbau zu einem wichtigen Argument, Belegschaftsangehörige vor einem Kriegseinsatz zu schützen. Am 31. August 1939, also einen Tag vor Kriegsbeginn, reichte Topf & Söhne „eine Liste betreffend Uk-Anträge für Heeresspeicher-Einrichtungen lt. Verfügung des Oberkommandos des Heers vom 28.8.39“ ein. „Uk“ bedeutete für einen Beschäftigten, als im Betrieb „unabkömmlich“ vom Kriegsdienst freigestellt zu sein. Schon zwei Tage später, am 2. September, hakte die Firma bei der Wehrwirtschaftsstelle nach, weil „das Vorhaben mit allen Mitteln beschleunigt werden muss“.

Im Zusammenhang mit dem Speicherbau kam der Diplom-Ingenieur Gustav Braun in das Unternehmen. Zuvor hatte er acht Jahre in den USA, Argentinien und Chile gearbeitet. In die Firma geholt hatte ihn Ludwig Topf. Er trat am 1. Mai 1935 als Montageleiter ein, damals 45 Jahre alt. Geboren wurde er am 28. Oktober 1889 in einer Angestelltenfamilie in Heilbronn. Er war evangelisch und nicht Mitglied der NSDAP. Nach wenigen Monaten wurde er bei Topf & Söhne zum Betriebsleiter befördert und war damit als oberster Chef in der Produktion für den reibungslosen Ablauf aller Aufträge verantwortlich.

Zuständig für die „Uk-Angelegenheiten“, entschied er gemeinsam mit der Firmenleitung, wer vom Kriegseinsatz freigestellt werden sollte. Außerdem fungierte er als stellvertretender Abwehrbeauftragter. Die Gestapo verlangte die Benennung von „Abwehrbeauftragten“ in zivilen Unternehmen und Einrichtungen, die mit Hilfe eines Informantennetzes Beobachtungen über „staatsgefährliche Bestrebungen“ sammeln und weiterleiten sollten. Bei Topf & Söhne war Ludwig Topf selbst als Betriebsführer auch Abwehrbeauftragter. Braun wies die ohnehin für die Werkstätten verantwortlichen Meister an, ihm zuzuarbeiten. An der Ingenieurskompetenz und Führungsstärke von Braun wurde kein Zweifel laut, allerdings gab es große Spannungen und jahrelange Strei-

ThHStAW, J. A. Topf & Söhne Nr. 307, Bl. 13r

Gustav Braun (1889–1958), Anfang 40er-Jahre

tereien zwischen ihm und Ernst Wolfgang Topf, der ihm „Despotentum“ vorwarf.

Wie die Topfs hatte auch die Familie Braun private Kontakte zu Juden. Gustav Braun wohnte mit seiner Familie ab 1936 im selben Haus im Erfurter Süden wie die jüdische Familie Stein. Der Vater Leopold Stein war Lehrer und unterrichtete, selbst 1933 aus dem Schuldienst vertrieben, jüdische Kinder nach ihrem Schulverweis in der Puschkinstraße 16 in Erfurt. Dort wurde am 9. November 2009 auf Initiative des Arbeitskreises *Erfurter GeDenken 1933–1945* eine *DenkNadel* für ihn aufgestellt.

Hans Braun, der ältere Sohn von Gustav Braun, und Ruth, die jüngere Tochter der Familie Stein, hatten eine Beziehung, die sie geheim hielten. Die zwei Töchter der Familie Stein konnten Deutschland noch rechtzeitig verlassen, die Eltern Leopold und Elly Stein wurden 1943 in Auschwitz ermordet.

Foto: Jeanette Dötsch

Puschkinstraße 16, Erfurt
Die vor dem Haus aufgestellte *DenkNadel* ist Leopold Stein gewidmet, der in einem Raum im Erdgeschoss jüdische Kinder nach ihrem Schulverweis unterrichtete.

Der Bruch des Feuerbestattungsgesetzes in den Konzentrationslagern

Am 15. Mai 1934 wurde das Reichsgesetz zur Feuerbestattung verabschiedet. Auch wenn die neuen Machthaber im Zusammenhang mit ihrer mystischen Überhöhung des Feuers und ihrer antikirchlichen Einstellung die Feuerbestattung förderten, war das Gesetz nicht von nationalsozialistischer Ideologie geprägt. Es fasste die in der gesellschaftlichen Debatte vor 1933 erarbeiteten Pietäts- und Rechtsgrundsätze so gut zusammen, dass es nach 1945 von den Bundesländern übernommen wurde. Nun wurde die Feuerbestattung als Alternative zur Erdbestattung reichsweit erlaubt. Gesetzlich vorgeschrieben war die freie Wahl der Bestattungsart. Um auszuschließen, dass durch die Einäscherung die Spuren eines unnatürlichen Todes vernichtet wurden, mussten ein Amtsarzt und die Polizeibehörde den natürlichen Tod bestätigen. Die Asche des oder der Verstorbenen musste getrennt und klar identifiziert bestattet werden. In Verordnungen zur Durchführung des Gesetzes wurde präzise festgelegt, wie eine Feuerbestattung vor sich zu gehen hatte. Sie musste würdig gestaltet werden, ein Sarg war vorgeschrieben und es durfte jeweils nur eine Leiche eingeäschert werden. Die Einäscherung durfte nur in hocherhitzter Luft und nicht im direkten Feuer aus dem Ofen erfolgen. Dem Schornstein sollte möglichst kein Rauch entströmen.

Auf diese Entwicklung war J. A. Topf & Söhne optimal vorbereitet, die im Feuerbestattungsgesetz formulierten Pietätsvorgaben wurden von der Prüferschen Technik hervorragend garantiert. Kurt Prüfer hatte sich zudem als entschiedener Befürworter einer würdevollen Feuerbestattung hervorgetan und als Experte profiliert. Selbstverständlich wurden im Nationalsozialismus auch weiterhin pietätvolle Feuerbestattungsöfen von Kurt Prüfer installiert, zum Beispiel im Krematorium von Arnstadt. Im Februar 1940 verkaufte er dorthin einen gasbeheizten Einäscherungsofen für 9.617 Reichsmark. Obwohl er das teuerste Angebot an die Stadt abgegeben hatte, konnte er die beiden Konkurrenten Didier in Berlin und Ruppmann in Stuttgart ausstechen. Ausschlaggebend waren die gute Isolierung des Topf-Ofens und andere technische Vorzüge. In Prüfers Angebot heißt es: „Der Topf-Ofen ist nach den neuesten Erfahrungen durchgearbeitet und entspricht der heutigen pietätvollen Auffassung, da keine Schürgeräte zur Bergung der Leichenasche mehr erforderlich sind. Durch die heiße Luft wird der Leichnam schnell eingeäschert und erhalten Sie eine gut durchgebrannte weisse Asche."

Verlangte der Gesetzgeber eine würdige Feuerbestattung, so wollte die SS eine schnelle und billige Beseitigung ihrer Todesopfer. In den bald nach der Machtübernahme der Nationalsozialisten eingerichteten Konzentrationslagern wurde das Feuerbestattungsgesetz grob missachtet und gebrochen. Der Gesetzesbruch vollzog sich in zwei Stufen: Dass von Beginn an die Lagertoten in der Regel in den umliegenden städtischen Krematorien eingeäschert und nicht erdbestattet wurden, widersprach dem Gesetz in dem wichtigen Punkt der freien Wahl der Bestattungsart. Als dann die Leichenverbrennung ab 1939 in den Lagern selbst durchgeführt wurde, spielten sämtliche gesetzlichen und moralischen Vorgaben, die sich seit Ende des 19. Jahrhunderts in der deutschen Bestattungskultur entwickelt hatten, keine Rolle mehr.

Von Anfang an war die Todesrate in den Konzentrationslagern wesentlich höher als im zivilen Leben außerhalb der Lager. Die Menschen starben an der miserablen Versorgung im Lager, an der schweren Arbeit, an der Quälerei der SS, an medizinischen Experimenten und durch gezielte Ermordung. So wie die Häftlinge nicht mehr über ihr Leben bestimmen konnten, wurde ihnen auch verwehrt, über den Umgang mit ihrem Körper nach dem Tod zu entscheiden. Nicht nur für viele Christen, insbesondere für Katholiken (zu denen Sinti und Roma zumeist gehören), auch für die wachsende Zahl der Ermordeten jüdischen Glaubens war eine Feuerbestattung mit ihrer Vorstellung einer leiblichen Auferstehung unvereinbar.

Für die Einäscherung der Toten hatte die SS unterschiedliche Gründe, wobei die Vernichtung der Spuren ihrer Verbrechen der entscheidende war. Durch das Verbrennen der Leichen vertuschte man die realen Todesursachen am besten. So konnten sich die Angehörigen nicht gegen die Lüge wehren, der Tod sei durch eine unvorhersehbare Krankheit eingetreten. Darüber hinaus spielte die Eingrenzung von Seuchen eine Rolle. Die Einäscherung der Lagertoten in städtischen Krematorien hatte für die SS allerdings den Nachteil, dass mit den Leichen Informationen über die Lager und deren Todesopfer nach draußen gelangten. Die SS wollte auch die dabei entstehenden Kosten sparen, das städtische Krematorium in Weimar berechnete zum Beispiel 20 Reichsmark pro Einäscherung.

Das Ausmaß der Probleme für die SS wird daran deutlich, dass zwischen April 1938 und März 1939 neunzig Prozent aller Bestattungen auf dem Weimarer Friedhof als Einäscherungen vollzogen wurden und dass diese fast ausschließlich im Auftrag des Konzentrationslagers Buchenwald stattfanden. Für Buchenwald ist belegt, dass die SS dort im April 1938 ein Lagerkrematorium bauen wollte. Obwohl Theodor Eicke, Inspekteur der Konzentrationslager und Führer der SS-Totenkopfverbände, den Antrag des KZ Buchenwald befürwortete, kam es nicht zur Realisierung. Man wagte es offensichtlich vor Kriegsbeginn nicht, das von den Nationalsozialisten selbst verabschiedete Feuerbestattungsgesetz durch den Bau von Lagerkrematorien offen zu brechen. Denn dieses Gesetz von 1934 regelte in Paragraph 8, dass die „Genehmigung zur Errichtung einer Feuerbestattungsanlage [...] nur Gemeinden, Gemeindeverbänden und solchen Körperschaften des öffentlichen Rechts, denen die Sorge für die Beschaffung öffentlicher Begräbnisplätze obliegt, erteilt werden" darf. Der Betrieb eines Krematoriums in einem Konzentrationslager war damit illegal.

Opfer und Gegner des NS-Regimes bei Topf & Söhne

„Eine Familie mit den Eigenschaften der Menschlichkeit war geradezu dazu ausersehen, die verfolgten jüdischen Mitbürger und Mitarbeiter bis zum Äußersten zu schützen und das haben wir nachweisbar bis zur Selbstaufgabe und bis zum Kriegsschluss getan." Diese Behauptung Ernst Wolfgang Topfs aus dem Jahre 1958 ist eine in ihrer Dreistigkeit kaum zu übertreffende Nachkriegs-Lüge. Der 1908 in Halle/Saale geborene Willy Wiemokli, wegen seines in einer jüdischen Familie geborenen und kurz vor der Hochzeit zum Protestantismus übergetretenen Vaters David Wiemokli zu den „verfolgten jüdischen Mitarbeitern" von Topf & Söhne zählend, hätte diese Aussage von Ernst Wolfgang Topf allerdings unterschrieben.

Wiemokli wurde gemeinsam mit seinem Vater im Novemberpogrom 1938 verhaftet und in das Konzentrationslager Buchenwald gebracht. Aufgrund dieser Haft verlor er seine Stelle bei dem Kaufmann Hans Türck in Erfurt und damit auch die Möglichkeit, den mit Berufsverbot belegten Vater zu unterstützen. Groß muss seine Erleichterung und Dankbarkeit gewesen sein, als ihn Ernst Wolfgang Topf Anfang 1939 einstellte, wohl wissend, dass er „jüdischer Mischling" und erst vor kurzem aus dem KZ entlassen worden war. Für den Arbeitgeber stellte die Anstellung von sog. Halb- oder Vierteljuden noch kein Risiko dar, da diese anders als die „Volljuden" kein Berufsverbot hatten. Doch für Wiemokli war allein der Arbeitsplatz bei Topf & Söhne als Existenzgrundlage und Bedingung sozialer Integration eine unschätzbare Hilfe. Doch auch dort war er vor Antisemitismus nicht geschützt, wie eine Aufstellung der „Gefolgschaft der Fa. J. A. Topf & Söhne, Erfurt, am 15. Juli

ThHStAW, J. A. Topf & Söhne Nr. 252, Bl. 36r

Willy Wiemokli (1908–1983), Anfang 40er-Jahre

1943 (Altersgliederung)“ zeigt. Die Liste erfasst die Anzahl der Beschäftigten nach Geschlecht, Alter, Betriebsabteilung und Art der Beschäftigung. Zusätzlich wollte man offensichtlich gesundheitliche Einschränkungen bzw. Behinderungen anzeigen: Bei vier Beschäftigten wurde „Wehruntauglichkeit“ festgestellt, einer wurde als „Liliputaner“ geführt und bei den Verwaltungsangestellten und Hilfskräften ist vermerkt: „darunter 1 Halbjude + 1 Armgelähmter“. Als es für Willy Wiemokli gefährlich wurde, weil ihn Kollegen

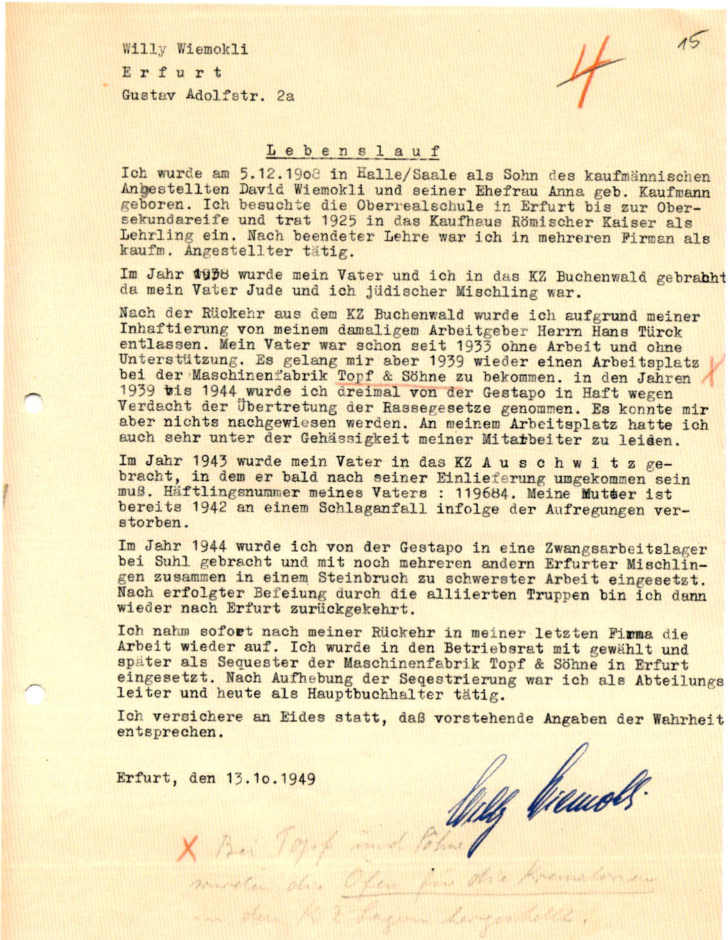

4 15

Willy Wiemokli
E r f u r t
Gustav Adolfstr. 2a

L e b e n s l a u f

Ich wurde am 5.12.1908 in Halle/Saale als Sohn des kaufmännischen Angestellten David Wiemokli und seiner Ehefrau Anna geb. Kaufmann geboren. Ich besuchte die Oberrealschule in Erfurt bis zur Obersekundareife und trat 1925 in das Kaufhaus Römischer Kaiser als Lehrling ein. Nach beendeter Lehre war ich in mehreren Firman als kaufm. Angestellter tätig.

Im Jahr 1938 wurde mein Vater und ich in das KZ Buchenwald gebracht da mein Vater Jude und ich jüdischer Mischling war.

Nach der Rückkehr aus dem KZ Buchenwald wurde ich aufgrund meiner Inhaftierung von meinem damaligem Arbeitgeber Herrn Hans Türck entlassen. Mein Vater war schon seit 1933 ohne Arbeit und ohne Unterstützung. Es gelang mir aber 1939 wieder einen Arbeitsplatz bei der Maschinenfabrik Topf & Söhne zu bekommen. in den Jahren 1939 bis 1944 wurde ich dreimal von der Gestapo in Haft wegen Verdacht der Übertretung der Rassegesetze genommen. Es konnte mir aber nichts nachgewiesen werden. An meinem Arbeitsplatz hatte ich auch sehr unter der Gehässigkeit meiner Mitarbeiter zu leiden. X

Im Jahr 1943 wurde mein Vater in das KZ A u s c h w i t z gebracht, in dem er bald nach seiner Einlieferung umgekommen sein muß. Häftlingsnummer meines Vaters : 119684. Meine Mutter ist bereits 1942 an einem Schlaganfall infolge der Aufregungen verstorben.

Im Jahr 1944 wurde ich von der Gestapo in eine Zwangsarbeitslager bei Suhl gebracht und mit noch mehreren andern Erfurter Mischlingen zusammen in einem Steinbruch zu schwerster Arbeit eingesetzt. Nach erfolgter Befeiung durch die alliierten Truppen bin ich dann wieder nach Erfurt zurückgekehrt.

Ich nahm sofort nach meiner Rückkehr in meiner letzten Firma die Arbeit wieder auf. Ich wurde in den Betriebsrat mit gewählt und später als Sequester der Maschinenfabrik Topf & Söhne in Erfurt eingesetzt. Nach Aufhebung der Seqestrierung war ich als Abteilungsleiter und heute als Hauptbuchhalter tätig.

Ich versichere an Eides statt, daß vorstehende Angaben der Wahrheit entsprechen.

Erfurt, den 13.1o.1949

Willy Wiemokli

X Bei Topf und Söhne wurden die Öfen für die Krematorien in den KZ-Lagern hergestellt.

ThHStAW, Bezirkstag und Rat des Bezirkes Erfurt VdN Nr. 3513, Bl. 15r

Lebenslauf von Willy Wiemokli, 13. Oktober 1949

der Beziehung zu einer nichtjüdischen Kollegin, also der „Rassenschande“, bezichtigten und die Gestapo ihn mehrfach verhörte, fand er deutliche Unterstützung bei Ernst Wolfgang Topf. Auch der Firmenleiter selbst soll deshalb das Ziel der Denunzianten geworden sein. Dies kann nicht überprüft werden, da die Akten der Thüringer Gestapo-Stellen bei Kriegsende vernichtet wurden. Die Zuträger der Gestapo wurden von der Firma jedenfalls bestraft. Er habe vier Angestellte der Betriebsabrechung „durch geschickte Manöver zur Entlassung gebracht“, so E. W. Topf. Erst 1944, als die sog. Halbjuden oder jüdischen Mischlinge reichsweit zur Zwangsarbeit in Lager eingewiesen wurden, rettete auch der Schutz seines Betriebes Wiemokli nicht mehr.

Für einen weiteren Beschäftigten mit einem jüdischen Elternteil, den kaufmännischen Lehrling Hans Fels, setzten sich die Brüder Topf ebenfalls ein. Fels erinnerte sich an die Zeit in der Firma in Dankbarkeit, nachdem er – inzwischen in Braunschweig – der Erschießung aller „Mischlinge“ einen Tag vor Kriegsende nur deshalb entkam, weil er sich nicht innerhalb der Stadt aufhielt. Der Einsatz von Ernst Wolfgang Topf für Willy Wiemokli und Hans Fels zeigt einen Rest von Gewissen, das an den Betriebstoren endete und „die verfolgten jüdischen Mitbürger“ außerhalb der Belegschaft nicht einbezog.

Es gibt insgesamt fünfzehn eidesstattliche Erklärungen von Mitarbeiterinnen und Mitarbeitern aus der unmittelbaren Nachkriegszeit, die Ernst Wolfgang Topf bescheinigten, dass er in seinen Äußerungen im Betrieb eine antinazistische, ihn selbst gefährdende Haltung gezeigt habe. Sicher sind diese zweckorientierten Erklärungen, die ihm helfen sollten, seinen von den sowjetischen Militärbehörden unter Zwangsverwaltung gestellten Betrieb zurückzubekommen, kritisch zu hinterfragen. Doch gegen die Deutung als reine Gefälligkeitsgutachten ohne historische Belegkraft sprechen die konkrete Schilderung der Situationen und das Handeln von E. W. Topf. Das gilt nicht nur für die Erklärung von Wiemokli, der ein Opfer antisemitischer Rassenpolitik war, sondern auch im Falle aktiver Regimegegner. Georg Reinl, ein 1902 im Sudetengebiet geborener Ingenieur und Sozialdemokrat, war dort nach eigenen Angaben mehrfach von den Nationalsozialisten inhaftiert worden und Anfang 1940 zu Topf & Söhne gekommen. Er sei sowohl von der Messerschmitt AG als auch von den Junkers-Werken, beides große Rüstungsunternehmen, wegen „politischer Unzuverlässigkeit“ entlassen worden und das Arbeitsamt Magdeburg habe ihm eine weitere Anstellung in der Rüstungsindustrie verboten, so Reinl. Bei Topf wurde er in der Abteilung E III eingesetzt, die zum Bereich Mälzerei- und Speicherbau gehörte und pneumatische Förderanlagen für Getreide herstellte. „In mehreren Fällen hat mich Herr Topf vor dem Zugriff der Gestapo und vor ernsten Verwarnungen seitens des Betriebsobmanns in Schutz genommen“, erklärte Reinl. E. W. Topf sei es zu verdanken, „dass ich dauernd meine U.K.-Stellung bis kurz vor Kriegsende (Februar 1945) erhielt.“ Interessant ist der Fall Reinl auch, weil er innerbetriebliche Handlungsoptionen zeigt. Der Ingenieur, dessen Grundsatz nach eigenen Angaben „von Anbeginn meiner Topf-Zeit [...] keine Schraube, keine Niete für den Hitler-Krieg“ lautete, weigerte sich, in der Produktion der Flugzeugteile für die Wehrmacht zu arbeiten. Die Brüder Topf nahmen diese Weigerung zur Kenntnis und beließen ihn in seinem „kriegsunwichtigen“ Bereich, bei den pneumatischen Förderanlagen. Reinl bestätigte auch, dass er im August 1944 von Ernst Wolfgang Topf sofort einen „ungesetzlichen Urlaub“ bekommen habe, um ins Sudetenland zu reisen, wo sein Vater von der Gestapo inhaftiert worden war. Die Beispiele von Wiemokli, Fels und Reinl zeigen exemplarisch, dass das von Ernst Wolfgang und Ludwig Topf geführte Unternehmen eine Nische für Opfer und Gegner des Nazi-Regimes bot.

Unter den Nazigegnern fallen die Kommunisten, organisiert als betriebliche Widerstandsgruppe, besonders auf. Folgende zur Topf-Belegschaft gehörende KPDler sind namentlich bekannt: Arthur Brauer, Bernhard Bredehorn, Fritz Hotze, Fritz Jung, Hermann Kellermann, Hermann Leder, Heinrich Messing, Wilhelm Messing, Franz Mohr, Friedrich Schiller und Alfred Schmidt. Nach einer Einschätzung des Betriebsrates kurz nach Kriegsende arbeiteten bei Topf & Söhne die meisten aktiven Antifaschisten im nationalsozialistischen Erfurt. Umso irritierender ist, dass dieses Unternehmen eine Schlüsselstellung im Vernichtungsprogramm der Nationalsozialisten übernahm. Noch gibt es keine Untersuchung darüber, wie sich KZ-Haft auf Männer und Frauen auswirkte, die nach ihrer Freilassung wieder Arbeit fanden und so in die „Volksgemeinschaft“ reintegriert wurden. Kommunistische Arbeiter mit Hafterfahrung wurden deshalb bevorzugt zu Topf & Söhne geschickt, weil dort in den Jahren der Kriegsvorbereitung zwar Heeresspeicher für die Wehrmacht, doch keine Rüstungsgüter im engeren Sinne hergestellt wurden. „Da Topf & Söhne der einzige Betrieb in Erfurt war, der keine Rüstungsaufträge z. Zt. hatte, wurden alle Metallarbeiter, die aus KZ oder Zuchthäusern kamen, zur Firma Topf & Söhne überwiesen. Wir fanden uns dann auch sofort in einzelnen Gruppen zueinander, in denen die politischen Ereignisse zur damaligen Zeit lebhaft diskutiert wurden“, gab Bernhard Bredehorn im März 1948 bei der Erfurter Kriminalpolizei zu Protokoll.

Der am 8. August 1900 geborene Bredehorn war das 16. Kind des Zigarrenarbeiters Bernhard Bredehorn. Er war 1928 in die KPD eingetreten, die sein Vater in Erfurt mitbegründet hatte. Nach der Volksschule arbeitete Bernhard Bredehorn jun. in mehreren Erfurter Schuhfabriken, zunächst von 1914 bis 1918 in dem jüdischen Unternehmen M. & L. Hess, das in dieser Zeit von Adolf und Alfred Hess geleitet wurde, und von 1929 bis 1931 in der ebenfalls bedeutenden Eduard Lingel AG. Der Vater von drei Kindern war mehrfach über Jahre arbeitslos. Nach seiner Verhaftung im März 1933 verbrachte er anderthalb Jahre in Lagern, zunächst in der Erfurter Feldstraße und dann in den Konzentrationslagern Lichtenburg/Prettin nördlich von Torgau und Esterwegen bei Oldenburg. Im November 1934 wurde er von dem „Vorwurf des Hochverrats“ freigesprochen und aus der Haft entlassen. 1935 wurde er erneut verhaftet und mangels Beweisen einer illegalen Tätigkeit für die KPD nach einigen Wochen wieder freigelassen. 1936 kam er nach einer Kurzausbildung zum Schweißer bei Topf & Söhne unter. Zu seiner Widerstandstätigkeit bei Topf & Söhne sagte Bernhard Bredehorn in seinem Lebenslauf Mitte der 50er-Jahre: „Seit 1942 habe ich dann mit dem Gen. Hermann Jahn, Erfurt, der 1946 verstarb, dem Gen. Magnus Poser, Jena, in der Gruppe Theo Neubauer die politische Arbeit im Bezirk Erfurt weiter entwickelt. [...] Diese illegale Betriebszelle hat eine fruchtbare, revolutionäre Kleinarbeit unter den verschleppten Zwangsarbeitern sowie den Kriegsgefangenen geleistet. Ers-

StadtA Erfurt 1-5/32-9213

Bernhard Bredehorn (1900 – 1982), Anfang 50er-Jahre

tens durch Verbreitung und Weitergabe illegaler Druckschriften, die ich teilweise von Magnus Poser oder von Hermann Jahn erhielt. Desweiteren haben wir es verstanden, die Vertrauensmänner vor allen Dingen der sowjetischen Zwangsarbeiter in die Wohnungen bekannter Genossen zu bringen, so daß sie in der Lage waren, die Sendungen der Sowjet-Union an den Lautsprechern abzuhören." Mit Hermann Jahn, Magnus Poser und Dr. Theodor Neubauer erwähnte Bredehorn Männer, die im kommunistischen Widerstand in Erfurt und Thüringen eine maßgebliche Rolle spielten. Jahn, ein 1894 geborener Porzellangießer und Schlosser, war Mitbegründer der KPD in Erfurt und seitdem einer ihrer Führungskräfte. Er wurde als erster Oberbürgermeister Erfurts unter sowjetischer Besatzung zur Persönlichkeit der Stadtgeschichte. Der 1907 geborene Magnus Poser, ein Jenaer Arbeiter, und der 1890 geborene Theodor Neubauer, Lehrer an der Königin-Luise-Schule in Erfurt und ehemaliger Reichstagsabgeordneter der KPD, bildeten die Thüringer Leitung des ab 1941 reorganisierten kommunistischen Widerstandes. Poser starb 1944 im Konzentrationslager Buchenwald, Neubauer wurde vom Volksgerichtshof zum Tode verurteilt und im Februar 1945 hingerichtet.

Innerhalb der kommunistischen Betriebsgruppe bei Topf & Söhne muss auf Heinrich Messing ein besonderes Augenmerk gerichtet werden, denn er sollte 1943 als Lüftungsmonteur die Gaskammern von Auschwitz ausstatten.

Heinrich Messing wurde am 28. Juni 1902 als siebtes Kind eines Schuhmachers in Erfurt-Hochheim geboren. Nach der Volksschule erlernte er den Beruf des Klempners und war in verschiedenen Betrieben in Erfurt tätig. Er war Mitglied im Deutschen Metallarbeiter-Verband (DMV). 1932 entließ der letzte Arbeitgeber, die Mühlenbauanstalt Reinhold Matthiass, den dreifachen Vater in die Arbeitslosigkeit. Im politischen Einsatz folgte Heinrich Messing seinem zwölf Jahre älteren Bruder Wilhelm, der ebenfalls Klempner war. Wilhelm Messing war aktiv als Zellenleiter in der KPD und in der Roten Hilfe Deutschlands, einer KPD-nahen Hilfsorganisation für politische Gefangene. Er wurde 1933 wegen „Vorbereitung zum Hochverrat" zu zwei Jahren Zuchthaus verurteilt, erlitt später weitere Haftstrafen und starb 1947 an den Spätfolgen. Sein Bruder Heinrich Messing wurde Bezirkskassierer der Roten Hilfe und 1930 auch Mitglied der KPD. Seit dieser Zeit kannte er Friedrich Schiller, später gleichfalls Arbeiter bei Topf & Söhne.

BStU, MfS, Bv Erf., AIM 236/54, Bl. 3

Heinrich Messing (1902–1985), um 1950

Am 28. Februar 1933 wurde Heinrich Messing im Büro der Roten Hilfe in der Erfurter Meienbergstraße verhaftet und unter dem Vorwurf der „Vorbereitung zum Hochverrat“ in Schutzhaft genommen, aus der er nach elf Wochen entlassen wurde, ohne dass es zum Prozess kam.

Opfer dieser ersten Verhaftungswellen von weit über 100 Regimegegnern waren neben den Messing-Brüdern mit Sicherheit auch die KPD-Mitglieder Bernhard Bredehorn, Fritz Hotze, Hermann Kellermann und Friedrich Schiller. Der 1887 geborene Kellermann hatte sowohl die USPD als auch die KPD mitbegründet, sich 1920 am Widerstand gegen den Kapp-Putsch beteiligt und war von 1924 bis 1928 KPD-Abgeordneter im preußischen Landtag gewesen. Der 1898 geborene Schiller war mit 14 Jahren in die Sozialistische Arbeiterjugend eingetreten, wurde Mitglied des Spartakusbundes und Mitbegründer der KPD in Erfurt, wo er durchgängig Funktionen bekleidete. 1920 hatte er ebenfalls gegen den Kapp-Putsch gekämpft und war schon während der Weimarer Republik mehrfach in Haft. Der 1888 geborene Fritz Hotze war 1919 der USPD und 1920 der KPD beigetreten. Er starb 1946 an den Folgen der Gefängnis- und Lagerhaft im Nationalsozialismus.

Die Brüder Messing, Bredehorn, Hotze, Kellermann und Schiller waren im ersten provisorischen Konzentrationslager in Erfurt, einer Fabrikhalle in der Feldstraße 18, inhaftiert. Es war Anfang April 1933 von der Polizei eingerichtet worden, weil das Polizeigefängnis auf dem Petersberg, das Gerichtsgefängnis in der Andreasstraße und die Zellen im Polizeipräsidium in der Meister-Eckehart-Straße für die weit über hundert politischen Gefangenen nicht ausreichten. Später trafen sich die sechs bei Topf & Söhne wieder. Der 1897 geborene Hermann Leder wiederum, von Beruf Schlosser, wurde erst 1934 verhaftet und war gemeinsam mit Hermann Kellermann Häftling im KZ Esterwegen und Sachsenhausen.

Für alle war die Beschäftigung bei Topf die erste Anstellung nach Arbeitslosigkeit, Notstandsarbeit und zum Teil langer Haft. Heinrich Messing arbeitete dort ab 13. August 1934 als Reisemonteur, Friedrich Schiller ab 19. August 1936 als Kesselschmied, Bernhard Bredehorn ab 1. September 1936 als Schweißer und Hermann Kellermann ab 10. Mai 1939 als Schlosser. Bei Fritz Hotze, Hermann Leder, Wilhelm Messing sowie den anderen vier namentlich bekannten Kommunisten ist das Eintrittsdatum nicht bekannt. Auch zwei weitere Messing-Brüder, Richard und Hermann, waren Klempner und arbeiteten bei Topf & Söhne. Sie gehörten der KPD nicht an.

Es ist festzuhalten, dass die kommunistischen Widerständler im Unternehmen stark vertreten und gut organisiert waren, dass sie sich schon lange kannten, unmittelbaren Kontakt zu dem lokalen Führer Hermann Jahn und Beziehungen zur illegalen Bezirksleitung von Poser und Neubauer hatten und unter ihnen erfahrene Parteikader waren. Bedeutsam ist auch, dass sie in den ersten Jahren des Regimes Gestapo- und Lagerhaft erlebt hatten und dass sie sich dennoch weiter durch die Verbreitung illegaler Druckschriften, das Abhören von sog. Feindsendern und der politischen Solidarität mit den sowjetischen Zwangsarbeitern einem persönlichen Risiko und erneuter Verhaftung aussetzten.

Lässt sich aus den zitierten Erklärungen des Buchhalters Wiemokli und des Ingenieurs Reinl schließen, dass deren Beziehung zu Ernst Wolfgang Topf durch die individuelle Unterstützung eine persönliche Komponente bekam, so ist dies für die kommunistischen Arbeiter nicht anzunehmen. Dem stand schon die Distanz in Status, Ideologie und Selbstverständnis entgegen. „Wir stemmten uns natürlich gegen alle Maßnahmen der Betriebsleitung und hatten in den meisten Fällen für uns Arbeiter immer praktische Erfolge zu verzeichnen“, bilanzierte Bernhard Bredehorn 1948. Bezeichnenderweise stammt keine der eidesstattlichen Erklärungen für Ernst Wolfgang Topf nach dem Krieg von einem Arbeiter. Dennoch fällt auf, dass die meisten namentlich bekannten kommunistischen Arbeiter das Privileg der Uk-Stellung durch die Firmenleitung genossen, obwohl sie erst wenige Jahre Betriebszugehörigkeit vorweisen konnten, zum Teil nur angelernte Kräfte und zudem permanent von Verhaftung bedroht waren. Bis auf Wilhelm Messing, Arthur Brauer und

Hermann Leder finden sich die anderen acht nachweislich zur Topf-Belegschaft gehörenden KPDler Bernhard Bredehorn, Fritz Hotze, Fritz Jung, Hermann Kellermann, Heinrich Messing, Franz Mohr, Friedrich Schiller und Alfred Schmidt auf einer betrieblichen Liste von Uk-Gestellten vom Januar 1945.

Nach dem Krieg führte E. W. Topf die Uk-Stellung der Kommunisten als Beleg für seine antinazistische Haltung an: „Bei den Einziehungen zur Wehrmacht wurden die Hitleranhänger bevorzugt, wobei es mit dem Betriebsobmann Auseinandersetzungen gab. Die nicht ‚wehrwürdigen' Kommunisten wurden buchstäblich Mann für Mann jahrelang verteidigt, um sie vor der Einziehung zu bewahren, was uns schwere Vorwürfe und Rückschläge beim Wehrbezirkskommando und beim Rüstungskommando eintrug. (Trotzdem ist uns dieses Programm großenteils gelungen)." Er habe die „Entnazifizierung" des Betriebs „persönlich 12 Jahre hindurch mit großen Aufregungen und eben so großen Gefahren verknüpft ausgeführt und verantwortet" – gemeint ist 1933 bis 1945. Das Pathos irritiert, erst recht vor dem Hintergrund der 1939 beginnenden Geschäfte mit der SS. Doch hinter der Übertreibung verbirgt sich ein wahrer Kern. Nicht nur in den zweckorientierten Nachkriegsäußerungen von Ernst Wolfgang Topf findet sich der Hinweis auf die Bevorzugung antinazistischer Arbeiter bei der Uk-Stellung, auch ein Protokoll aus der Kriegszeit berichtet davon. In einer Betriebsschulung am 27. Januar 1942 drohte Betriebsobmann Eduard Pudenz (seit 1912 im Unternehmen als Modelltischler tätig, seit 1933 Mitglied der NSDAP): „Wenn wir den Krieg verlieren, dann bleibt uns nichts mehr. Und wir selbst werden entweder getötet oder in Arbeitsbataillone eingeteilt. Das Ziel Englands und Judas ist die Ausrottung aller Deutschen. [...] Immer mehr werden eingezogen werden. Deshalb müssen ganz besonders Betriebsführer und Gefolgschaft <u>ein</u> Gebilde, <u>ein</u> Wille sein." Ernst Wolfgang Topf erwiderte, dass hier „ein Betrieb und keine Kaserne" sei. „Manche haben das als gewisse Schwäche von uns ausgelegt. Andere haben dagegen erkannt, dass innerhalb einer etwas gelösteren Arbeitsgemeinschaft die Einzelmenschen sich aber zu einer Gesamtheit zusammenfinden – sofern rechtzeitig die Untauglichen, die es immer gibt, daraus entfernt werden. Wir müssen gerade 1942, wo die Front noch einmal antritt, den Einzelnen, der sich ganz persönlich auf Adolf Hitler beruft, aber trotzdem sich ausserhalb der Gemeinschaft stellt, abgeben, um unseren Betrieb freizuhalten von den

Meckerern, die die Stimmung verderben." E. W. Topf machte klar, dass er und nicht die Nazis bestimmten, was eine gute Betriebsgemeinschaft ist und dass diese sich als „Meckerer" selbst ausschlössen. Auch Ludwig Topf betonte seinen Herrschaftsanspruch im Betrieb, als er zur Einführung von Eduard Pudenz als neuem Betriebsobmann am 27. Februar 1940 laut Protokoll erklärte: „Wir stehen alle auf dem Boden des Nationalsozialismus (wir sind selbst Parteigenossen). Dazu gehört die Arbeitsfront; dazu gehören all die Organe, die sich inzwischen entwickelt haben. Aber wir wollen diese Stellen nicht hineinziehen, [...] Was es hier an schmutziger Wäsche gibt, wird im Hause gewaschen und nicht draußen."

ThHStAW, J. A. Topf & Söhne Nr. 296, Bl. 30r

Das Verwaltungsgebäude nach dem Umbau mit Dachreiter und Fahnenstangen, um 1940

Das Geschäft mit Lagerkrematorien

Am 1. September 1939 begann mit dem Überfall auf Polen der Zweite Weltkrieg. Die Radikalisierung der Gewalt nach außen bedeutete auch eine Radikalisierung der Gewalt nach innen, verbunden mit weiterem Machtzuwachs für die SS. Die Konzentrationslager füllten sich mit ausländischen Häftlingen, der Terror und die Todeszahlen wuchsen. In Buchenwald kam es zum ersten von der SS herbeigeführten Massensterben von Wiener Juden und Polen im sog. Polen-Sonderlager. Die SS war auf das Ansteigen der Todesrate vorbereitet. Offensichtlich hatte sie sich im Rahmen ihrer Kriegsvorbereitungen damit befasst, wie die Leichenverbrennung kurzfristig in die Lager verlegt werden könnte: sie muss sich in diesem Kontext schon Monate vor Kriegsbeginn an die Firma J. A. Topf & Söhne gewandt haben. Anders ist es nicht zu erklären, dass Kurt Prüfer am 17. Mai 1939 eine Zeichnung für einen „fahrbaren, ölbeheizten Topf-Einäscherungsofen“ mit einer Ofenkammer, in der Fachsprache „Muffel“, fertig stellte.

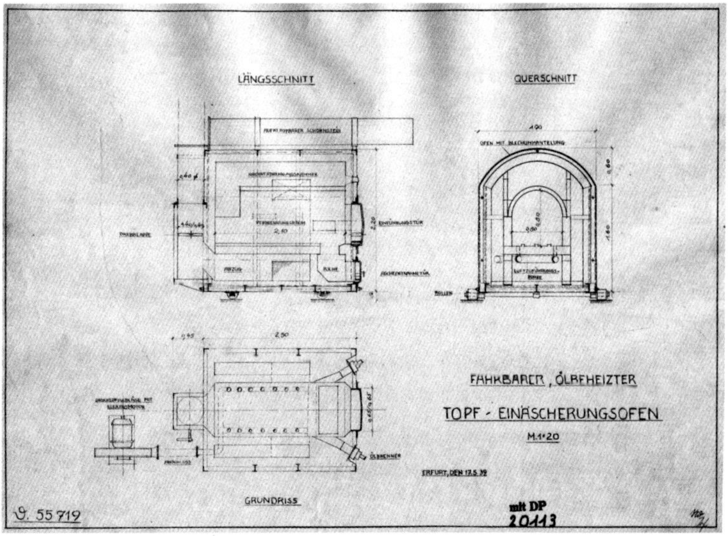

ThHStAW, J. A. Topf & Söhne Nr. 225, Bl. 78r

Zeichnung von Kurt Prüfer für einen transportablen Verbrennungsofen, 17. Mai 1939

Dieser Ofen markiert den radikalen Bruch mit der Kultur und dem Gesetz der Feuerbestattung. In ihm wurden Menschenleichen wie Abfall verbrannt. Aus Zeugenaussagen ehemaliger Häftlinge ergibt sich, dass mindestens einer dieser Öfen in Buchenwald neben dem Polen-Sonderlager aufgestellt wurde. Nach dem ersten Umsatz mit fahrbaren Einmuffel-Öfen machte sich Kurt Prüfer sofort an die Weiterentwicklung der mobilen Leichenverbrennung und bot der SS einen Doppelmuffel-Ofen, also einen Ofen mit zwei Verbrennungskammern, an. Er wurde erstmals im November 1939 an das Konzentrationslager Dachau für 8.750 Reichsmark verkauft.

Dieser erste Doppelmuffel-Ofen von Kurt Prüfer weist eine Besonderheit auf, die auch alle nachfolgenden stationären Mehrmuffel-Öfen hatten. Die einzelnen Kammern waren durch Aussparungen in der Zwischenwand miteinander verbunden, so dass sich mit dem durch den ganzen Ofen wandernden Feuer auch die Asche der Toten vermischte. Nicht erst die Praxis der SS, mehrere Leichname in einer Ofenkammer zu verbrennen, brach das Feuerbestat-

StadtA Erfurt 6-0/27A7-029

Transportabler, ölbeheizter Doppelmuffel-Ofen für Konzentrationslager, transportfertig, 18. März 1940

tungsgesetz, das eine Vermischung der Asche verbot. Kurt Prüfer nahm in seiner Konstruktionsweise der Öfen schon die Gesetzesverletzung vorweg, um die Verbrennung zu beschleunigen. Neben Topf & Söhne stieg im selben Winter ein weiteres Unternehmen in den neuen Markt für Leichenverbrennungsöfen ein: die Heinrich Kori GmbH aus Berlin. Nachdem für die Opfer der nationalsozialistischen Verbrechen die Pietätsstandards bei der Feuerbestattung fielen, war das Unternehmen, das diese Standards schon immer für unnötig gehalten hatte und deshalb beim Verkauf von Krematoriumsöfen an städtische Friedhöfe wenig erfolgreich war, sofort zur Stelle. Es stattete mindestens vier der Euthanasie-Anstalten – Bernburg, Hadamar, Hartheim und Sonnenstein – mit stationären Öfen aus. Die beiden schon im Januar 1940 als erste zur Tötungseinrichtung umgebauten Anstalten Brandenburg und Grafeneck sind dagegen wahrscheinlich von Topf & Söhne mit mobilen Öfen ausgerüstet worden. Hinweise auf die Erfurter Firma als Lieferant gibt es insbesondere für Brandenburg. In allen sechs Euthanasie-Anstalten wurden von Januar 1940 bis August 1941 etwa 70.000 kranke und behinderte Menschen durch Gas getötet. Gleichzeitig wurde Kori zum Hauptkonkurrenten der Firma J. A. Topf & Söhne bei dem Geschäft mit transportablen und stationären Öfen für die Konzentrationslager.

Das Aufstellen transportabler Leichenverbrennungsöfen stellte nur eine Zwischenlösung dar, bis die gleichzeitig in Angriff genommenen Lagerkrematorien fertiggestellt waren. Die ersten Ofenlieferungen nach Buchenwald wurden von der SS und der Firma Topf & Söhne als Auftakt einer umfassenden Geschäftsbeziehung verstanden. Den ersten stationären KZ-Ofen mit zwei Verbrennungskammern hielt die Firma J. A. Topf & Söhne für so zukunftsträchtig, dass sie ihn am 6. Dezember 1939 als „Einäscherungs-Ofen mit Doppelmuffel“ zum Patent anmeldete (das aus unbekannten Gründen, möglicherweise wegen der Rechtswidrigkeit, nicht erteilt wurde). Später, nachdem derselbe Ofentyp zweimal im Krematorium des Stammlagers Auschwitz aufgestellt worden war, nannte ihn Kurt Prüfer „Modell Auschwitz“. Für Prüfer war die schnelle Umsatzsteigerung und die Wichtigkeit der Aufträge aus der Machtzentrale der SS verlockend. Er sah darin eine Chance, Gehalt und Status im Betrieb zu steigern, und zeigte deshalb große Eigeninitiative bei der Entwicklung weiterer KZ-Ofentypen. Auch sein Ehrgeiz als Techniker und Erfinder war angesprochen. Doch Prüfer konnte keinen Schritt ohne Rückendeckung der Geschäftsleitung tun. Als er im Februar 1941 nach 21-jähriger Betriebszugehörigkeit kündigen wollte, weil er sich als über Jahre zu schlecht bezahlt ansah und eine zugesagte Gehaltserhöhung wieder nicht erfolgt war, ließen ihn die Brüder Topf nicht gehen mit der Begründung, er würde an „dringlichen Aufgaben“ arbeiten. Indem die Brüder Topf ihren Ofenbauspezialisten im Betrieb behielten, hielten sie auch an der Zusammenarbeit mit der SS fest.

Wie schon nach Kriegsbeginn 1939 kam es mit dem am 22. Juni 1941 beginnenden Krieg gegen die Sowjetunion zu einer Radikalisierung der Gewalt, nun in noch stärkerem Maße. Opfergruppen waren Juden, Sinti und Roma in den eroberten Gebieten und sowjetische Kriegsgefangene. Fast vier Millionen jüdische Männer, Frauen und Kinder vor allem aus Osteuropa wurden in den Jahren 1941 und 1942 an anderen Orten als Auschwitz ermordet. Aber Auschwitz war der Höhepunkt der millionenfachen Vernichtung, wobei die SS ständig an der Vereinfachung der Tötungsmethode, der Beschleunigung des Mordens und der technischen Vervollkommnung der Spurenvernichtung arbeitete.

Das neue große Konzentrationslager in der Nähe der Stadt Oświęçim (Auschwitz) im polnischen Ostoberschlesien, dessen Errichtung Heinrich Himmler am 27. April 1940 befohlen hatte, wurde zunächst zu einem Zentrum für die Massenmordaktionen an sowjetischen Kriegsgefangenen. Das erste Krematorium des KZ Auschwitz, später als Krematorium I bezeichnet, wurde in einem ehemaligen Munitionsdepot eingerichtet. Steigende Opferzahlen erforderten immer mehr Verbrennungskapazität, weshalb Topf & Söhne dort nacheinander drei Doppelmuffel-Öfen installierten, die von August 1940 bis Mai 1942 in Betrieb genommen wurden. Rasch entwickelte sich in der Geschäftsbeziehung mit Auschwitz eine gewisse Abhängigkeit der SS-Bauleitung von der Erfurter Firma. Für die Lagerverwaltung stellte die Beseitigung der Leichen einen neuralgischen Punkt dar, an dem immer wieder der Verlust ihrer Kontrolle drohte.

Am 26. September 1941 befahl Hans Kammler, Chef des SS-Bauwesens, den Bau eines Lagers bei Auschwitz-Birkenau für den Zwangsarbeitseinsatz von 50.000 sowjetischen Kriegsgefangenen. Im Oktober 1941 wurde das Lager bereits für 125.000 sowjetische Kriegsgefangene geplant. Für sie wurde ein eigenes Krematorium projektiert. Dafür bestellte SS-Bauleiter Karl Bischoff bei Kurt Prüfer im Oktober 1941 fünf der von ihm neu und wohl extra für diesen Zweck entwickelten Dreimuffel-Öfen. „Pro Tag werden über 1.000 Menschen sterben", kalkulierte Bischoff, benötigt werden also fünf Öfen „je 3 Muffeln für 2 Mann, sodass in einer Stunde 60 Mann eingeäschert werden können". Bischoff ging also vom Tod aller erwarteten 125.000 sowjetischen Kriegsgefangenen in rund vier Monaten aus. Ernst Wolfgang Topf bestätigte am 4. November 1941 den Auftrag für das geplante Krematorium und führte beflissentlich aus: „Erwähnen möchten wir, daß die Einäscherungskammern in den Öfen jetzt größer gebaut werden als bei den bisherigen Öfen. Hierdurch wollen wir eine größere Leistung erreichen. Aus dem gleichen Grunde haben wir auch statt 2 Saugzug-Anlagen deren 3 vorgesehen, dabei aber auch berücksichtigt, daß gefrorene Leichen zur Einäscherung gelangen, die mehr Heizmaterialaufwand bedingen, wodurch die Abgasmenge sich erhöht." Waren die Muffeln in den Lagerkrematorien zunächst kleiner als bei städtischen Einäscherungsanlagen, weil kein Sarg vorgesehen war und so Brennstoff gespart werden konnte, wurden sie jetzt bei den neuen Ofentypen wieder vergrößert. Die Firmenleitung wusste also, dass mehr als eine Leiche in einer Muffel auf einmal verbrannt werden sollte. Und sie wusste, dass es sich bei „gefrorenen Leichen" nicht um Menschen handeln konnte, denen vor ihrem Tod die gebotene menschliche Fürsorge zuteil geworden war.

Ludwig Topf wurde am 19. September 1941, wenige Tage nach seinem 38. Geburtstag, zur Wehrmacht eingezogen. Er wurde nicht an die Front geschickt, sondern in einem Bau-Ersatz-Bataillon in Bad Langensalza, 50 km von Erfurt entfernt, eingesetzt. Mehrere Versuche, eine Uk-Stellung zu erreichen, schlugen fehl. Erst als Kurt Prüfer den SS-Bauleiter Bischoff in Auschwitz bat, Ludwig Topf pro forma per Telegramm anzufordern und der SS dafür eine Verkürzung der Lieferzeit der bestellten Öfen in Aussicht stellte, wurde Ludwig Topf Anfang Dezember von der Wehrmacht beurlaubt und dann völlig freigestellt. Wie auch in den Geschäftsverhandlungen war Kurt Prüfer weit davon entfernt, gegenüber der SS als Befehlsempfänger aufzutreten. Er erwartete Entgegenkommen, weil er etwas zu bieten hatte – das Versprechen guter Zusammenarbeit und kurzer Lieferzeiten. Vermutlich hat sich auch für Kurt Prüfer die Hilfe für den Firmenchef ausgezahlt, als er für die erste Bestellung von Dreimuffel-Öfen durch die Bauleitung in Auschwitz eine Prämie einforderte. „Wie Sie wissen", schrieb er am 6. Dezember

1941 an die Brüder Topf, „habe ich die 3 Muffel- als auch die 8 Muffel-Einäscherungsöfen durchgearbeitet und hierbei meistens meine Freizeit zu Hause benutzt. Diese Ofenkonstruktionen sind auch für spätere Zeiten bahnbrechend und darf ich wohl annehmen, daß Sie mir für die geleistete Arbeit eine Prämie gewähren werden. Heil Hitler!“ Die Brüder Topf bewilligten ihm Ende 1941

ThHStAW, J. A. Topf & Söhne Nr. 307, Bl. 10r

Ludwig Topf als Soldat in Bad Langensalza, Herbst 1941

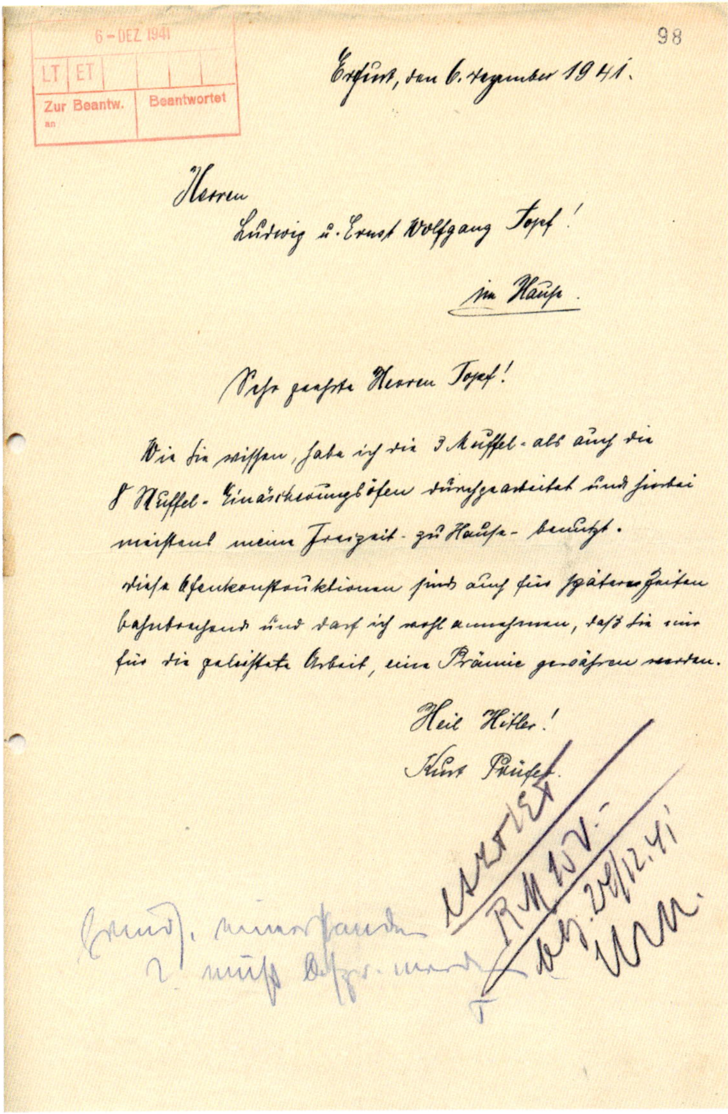

6 – DEZ 1941

LT | ET

Zur Beantw. an | Beantwortet

98

Erfurt, den 6. Dezember 1941.

Herren
Ludwig u. Ernst Wolfgang Topf!
im Hause.

Sehr geehrte Herren Topf!

Wie Sie wissen, habe ich die 3 Muffel- als auch die 8 Muffel-Einäscherungsöfen durchgearbeitet und hierbei meistens meine Freizeit - zu Hause - benutzt.
Diese Ofenkonstruktionen sind auch für spätere Zeiten bahnbrechend und darf ich wohl annehmen, dass Sie mir für die geleistete Arbeit, eine Prämie gewähren werden.

Heil Hitler!
Kurt Prüfer

ThHStAW, J. A. Topf & Söhne Nr. 14, Bl. 98r

Prämienforderung von Kurt Prüfer an die Brüder Topf für die Entwicklung der Drei- und Achtmuffel-Öfen, 6. Dezember 1941

150,– Reichsmark Prämie und stellten ihm mehr in Aussicht, wenn sich der neue Ofentyp in der Praxis bewährt haben würde.

Neben Auschwitz, Groß-Rosen, Dachau und Sachsenhausen war auch das KZ Buchenwald ein Zentrum der Mordaktionen an sowjetischen Kriegsgefangenen. Wie schon im Winter 1939/40 stand die SS vor dem Problem, wie sie die Körper der Ermordeten verschwinden lassen konnte. Deshalb setzte sie einen mobilen Doppelmuffel-Ofen von Topf & Söhne ein und bestellte zwei der von Kurt Prüfer konstruierten, neuen Dreimuffel-Öfen. Errichtet wurden sie von den Feuerungsmaurern Wilhelm Koch und Martin Holick. Von letzterem ist bekannt, dass der damals 68-Jährige seit 44 Jahren im Unternehmen beschäftigt und kein Mitglied der NSDAP war. Nach dem Einsatz in Buchenwald fuhren Koch und Holick nach Auschwitz-Birkenau und bauten im Krematorium II dieselben Öfen auf. Holick hat von allen Topf-Mitarbeitern die längste Zeit im Vernichtungslager Birkenau gearbeitet: ungefähr ein Jahr. In der Zeit seiner Anwesenheit wurden in Birkenau alle vier Großkrematorien mit den integrierten Gaskammern in Betrieb genommen.

Die Inbetriebnahme der beiden neuen Öfen im Krematorium Buchenwald, die Ende August und Anfang Oktober 1942 erfolgte, wertete Kurt Prüfer als großen Erfolg. Am 15. November 1942 schrieb er an seine Chefs: „Sehr geehrte Herren Topf! Nach der Absprache mit Ihnen die Ende vorigen Jahres stattfand, haben Sie mir für die Neukonstruktion der Dreimuffel-Einäscherungsöfen eine Entschädigung zugesagt. [...] Vor 12 bezw. 6 Wochen sind die beiden ersterrichteten Topf-Dreimuffel-Einäscherungsöfen im Krematorium Buchenwald in

ThHStAW, J. A. Topf & Söhne Nr. 252, Bl. 32r

Kurt Prüfer (1891–1952), Anfang 40er-Jahre

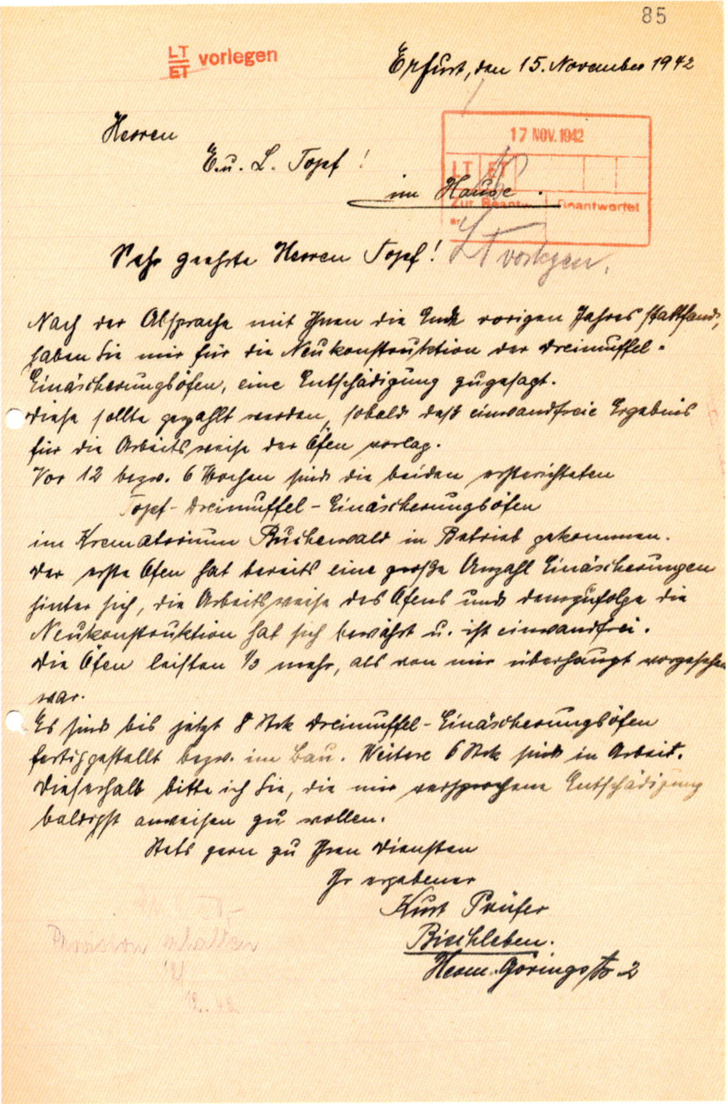
85

LT/ET vorlegen

Erfurt, den 15. November 1942

17 NOV. 1942
LT ET
Zur Beantw.
Beantwortet

Herren
E. u. L. Topf!
im Hause.

Sehr geehrte Herren Topf! LT vorlegen.

Nach der Absprache mit Ihnen die Ende vorigen Jahres stattfand, haben Sie mir für die Neukonstruktion der Dreimuffel-Einäscherungsöfen, eine Entschädigung zugesagt.
Diese sollte gezahlt werden, sobald das einwandfreie Ergebnis für die Arbeitsweise der Öfen vorlag.
Vor 12 bezw. 6 Wochen sind die beiden verbesserten Topf-Dreimuffel-Einäscherungsöfen im Krematorium Buchenwald in Betrieb gekommen.
Der erste Ofen hat bereits eine grosse Anzahl Einäscherungen hinter sich, die Arbeitsweise des Ofens und demzufolge die Neukonstruktion hat sich bewährt u. ist einwandfrei.
Die Öfen leisten 1/3 mehr, als von mir überhaupt vorgesehen war.
Es sind bis jetzt 8 Stck Dreimuffel-Einäscherungsöfen fertiggestellt bezw. im Bau. Weitere 6 Stck sind in Arbeit.
Deshalb bitte ich Sie, die mir versprochene Entschädigung baldigst anweisen zu wollen.

Stets gern zu Ihren Diensten
Ihr ergebener
Kurt Prüfer
Bischleben.
Herm.-Göringstr. 2

ThHStAW, J. A. Topf & Söhne Nr. 14, Bl. 85r

Prämienforderung von Kurt Prüfer nach der Inbetriebnahme der Dreimuffel-Öfen im KZ Buchenwald, 15. November 1942
Rechts oben im Stempel das Kürzel von Ernst Wolfgang Topf (W)

Betrieb gekommen. Der erste Ofen hat bereits eine große Anzahl Einäscherungen hinter sich, die Arbeitsweise des Ofens und demzufolge die Neukonstruktion hat sich bewährt u. ist einwandfrei. Die Öfen leisten 1/3 mehr, als von mir überhaupt vorgesehen war. [...] Dieserhalb bitte ich Sie, die mir versprochene Entschädigung baldigst anweisen zu wollen. Stets gern zu Ihren Diensten Ihr ergebener Kurt Prüfer".

Prüfer sprach von insgesamt 14 Dreimuffel-Öfen, die schon produziert oder noch in Arbeit waren. Zu diesem Zeitpunkt hatte er zwei nach Buchenwald, zwei nach Groß-Rosen und zehn nach Auschwitz-Birkenau verkauft. Die Brüder Topf zahlten Prüfer weitere 450,– Reichsmark Provision.

Die Todesfabriken in Auschwitz-Birkenau

Seit Sommer 1942 wurden alle Juden aus Westeuropa deportiert, darunter viele, die bei der SS als nicht „arbeitsfähig“ galten. In Auschwitz begannen die systematischen Selektionen, also die unmittelbar nach der Ankunft vorgenommene Einteilung in Menschen, die zur Arbeit gezwungen wurden, und in Menschen, die sofort im Gas getötet wurden. Mehr als sieben von zehn Personen wurden wenige Stunden nach ihrer Ankunft in den Bunkern von Auschwitz-Birkenau im Gas ermordet, vor allem Frauen und Kinder. Begonnen hatte die SS mit dem Einsatz von Zyklon B zur Vergiftung von Menschen im September 1941. Die ersten Opfer des Gasmords waren sowjetische Kriegsgefangene. Seit 1942 wurden auch verstärkt unter jenen Häftlingen Selektionen durchgeführt, die im Lager gefangen gehalten wurden, um Zwangsarbeit zu verrichten.

Mit der systematischen Vernichtung der deportierten Juden in Auschwitz nahm das Problem der SS, die Leichen zu beseitigen, massiv zu. Sie stand unter starkem Druck, den Bau großer Verbrennungsanlagen zu beginnen. In dieser Situation fand am 19. August 1942 eine Unterredung der Bauleitung mit Kurt Prüfer statt, in dem sie gemeinsam drei weitere Großkrematorien konzipierten. Dass Kurt Prüfer nach eigenen Angaben im sowjetischen Verhör spätestens seit dem „Frühjahr 1942“ von den Massenmorden mit Gas wusste, sah die SS nicht als Unsicherheitsfaktor oder gar Gefahr für ihr Vorhaben an. Im Gegenteil: Er wurde durch sein Wissen zum idealen Kooperationspartner für die Schaffung fabrikmäßiger Massenvernichtungsanlagen, weil er das Ziel der SS kannte und ihr so seine technische Kompetenz noch besser andienen konnte. Er genoss, so scheint es, seine Schlüsselrolle für die Planung der Verbrennungsanlagen in Birkenau. Mit der SS war ein Großkunde aufgetaucht, der mit seiner Macht und dem wachsenden Bedarf an Verbrennungsanlagen der kleinen Abteilung Spezialofenbau eine größere Bedeutung verlieh. Hier bekam Prüfer die Anerkennung, die ihm im Betrieb fehlte.

Seine Erfolge bei der Akquisition von Aufträgen in Auschwitz wurde bei seinem Vorgesetzten Fritz Sander und in der Geschäftsleitung als Signal verstanden, dass dies erst der Anfang war: der Anfang eines neuen und zukunftsträchtigen Marktes, auf dem man Massenbeseitigungsanlagen für Menschenleichen verkaufen

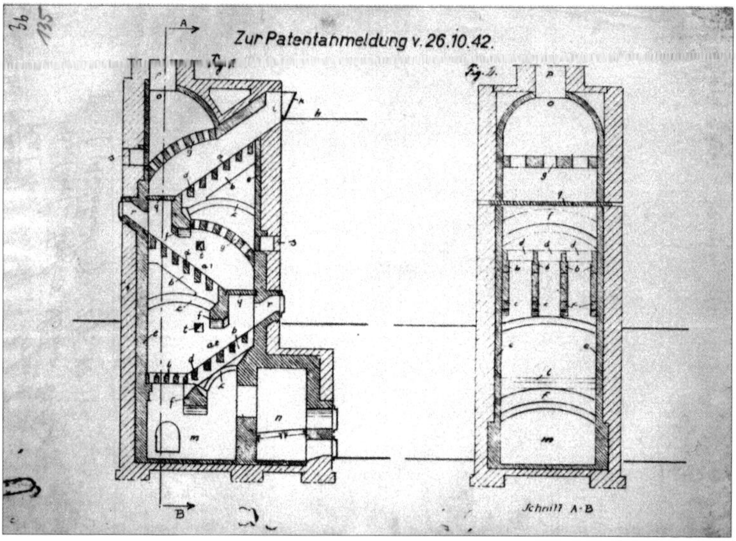

BArch, DO 1/vorl. Dok K 562-1, Bl. 135

Die von Sander erstellte Skizze des „kontinuierlich arbeitenden Leichen-Verbrennungsofen für Massenbetrieb“ zur Patentanmeldung (Längsschnitte), 26. Oktober 1942

Originalbezeichnungen von Sander im Text der Patentanmeldung:

a, a1, a2	Gleitbahnen
b	Schamotte-Längsbalken (bilden Gleitbahnen a, a1, a2)
c	Gewölberippen (zur Unterstützung der Längsbalken b)
d	Quertragsteine (zwischen den Längsbalken b)
e	Umfassungsmauerwerk
f	Schamotte-Mauerwerk-Querbogen
g	Deckengewölbe
h	Plattform
i	Einführöffnung
k	selbstschließende Klapptür zur Queraufgabe der Leichen
l	Schamotte-Ausbrennrost
m	Asche-Sammelkammer
n	Feuerung
o	Austrittsöffnung für Rauchgase
p	Schornstein
q	Schamotteschieber zur Stauung oder Unterbrechung des Leichendurchgangs
r	Nachstoßöffnungen bei evtl. Festbacken oder Festkleben der Verbrennungsobjekte
s	Asche-Reinigungsöffnungen
t	Luftzuführungskanäle

konnte und auf dem es die ersten Erfolge zu sichern und auszubauen galt. Im September 1942 wandte sich Sander mit einer Erfindung an die Geschäftsführung, die seiner Meinung nach besser als Prüfers Mehrmuffel-Öfen die von der SS in Auschwitz benötigte Verbrennungskapazität liefern konnte: der „kontinuierlich arbeitende Leichen-Verbrennungsofen für Massenbetrieb". Im sowjetischen Verhör erklärte er 1946 seine Idee: „Das Krematorium für die Massenverbrennung sollte nach dem Laufbandprinzip gebaut werden, so dass man die Leichen ohne Unterbrechungen auf mechanischem Wege in den Ofen transportieren konnte. [...] Die Leichen selbst sollten gleichzeitig als zusätzlicher Brennstoff dienen."

Bis heute lautet eine der stereotypen Rechtfertigungen für eine Beteiligung im Nationalsozialismus, man sei dazu gezwungen worden. Bei einer Weigerung sei man selbst zum Opfer geworden, etwa ins KZ gekommen.

Sanders Vorgehen zeigt das Gegenteil. Es steht für ein Mitmachen „auf eigene Initiative", wie Sander, der kein Mitglied der NSDAP war, im Verhör sagte. Er fühlte sich herausgefordert zu zeigen, dass er im Vergleich mit Prüfer der bessere Ingenieur war. Es war nicht so, dass er im Betrieb unter Druck gestanden hätte und deshalb glaubte, sich in besonderen Maße profilieren zu müssen. Er war gerade 66 Jahre alt geworden und konnte auf ein langes und erfolgreiches Arbeitsleben in leitender Stellung zurückblicken. Bei der Firmenleitung genoss er einen ausgezeichneten Ruf, noch lange nach Kriegsende bezeichnete ihn Ernst Wolfgang Topf als einen „Mann von geradezu übertriebener Rechtschaffenheit". Der Ofenbau gehörte nicht einmal zu Sanders direktem Arbeitsgebiet, er drängte sich

ThHStAW, J. A. Topf & Söhne Nr. 252, Bl. 33r

Fritz Sander (1876–1946), Anfang 40er-Jahre

somit in den Bereich von Kurt Prüfer hinein. Sander hatte von Prüfer nicht nur erfahren, dass die Öfen in Auschwitz nicht ausreichten. Er hatte ihn auch gefragt, so Sander im Verhör 1946, „warum es im Lager so viele Leichen gibt; er [Prüfer] antwortete mir, dass die Menschen dort in den Gaskammern getötet und ihre Leichen im Krematorium verbrannt werden.“ Die verbrecherische Dimension des von Fritz Sander entwickelten Hochleistungs-Ofens zur Verbrennung menschlicher Leichen wird nicht geringer dadurch, dass dieser zwar beim Reichspatentamt angemeldet, jedoch weder patentiert noch gebaut wurde.

1942 erreichte die Mittäterschaft der Firma J. A. Topf & Söhne eine neue Qualität. Neben der Optimierung der Leichenbeseitigung durch die Ausstattung der vier Großkrematorien in Auschwitz-Birkenau mit Ofenanlagen und der weiteren Planung industrieller Massenverbrennungsöfen wirkte die Firma jetzt daran mit, das Töten selbst zu optimieren, indem sie die Gaskammern in Krematorium II und III mit Lüftungstechnik ausstattete. Da diese im Keller lagen und nicht auf natürlichem Wege belüftet werden konnten, war der Luftaustausch durch die Ventilation die Voraussetzung, um den Massenmord schnell fortsetzen zu können. Zuständig dafür war der Ingenieur Karl Schultze, mit 40 Jahren einer der jungen Abteilungsleiter der Firma.

ThHStAW, J. A. Topf & Söhne Nr. 252, Bl. 34v

Karl Schultze (1900 – nach 1955), Anfang 40er-Jahre

Karl Schultze wurde 1900 in einer Berliner Arbeiterfamilie geboren. Er begann als Ingenieur bei Topf & Söhne im Oktober 1928. 1931 heiratete er, die Ehe blieb kinderlos. Er war kein Mitglied der NSDAP. Da Schultze wie Prüfer keine Prokura hatte, war für die formellen Geschäftsabschlüsse der Abteilung B wiederum Fritz Sander zuständig, der schon Erfahrungen mit Aufträgen aus den Konzentrationslagern hatten.

In den Jahren 1942 und 1943 erforderten die umfangreichen Aufträge über einen

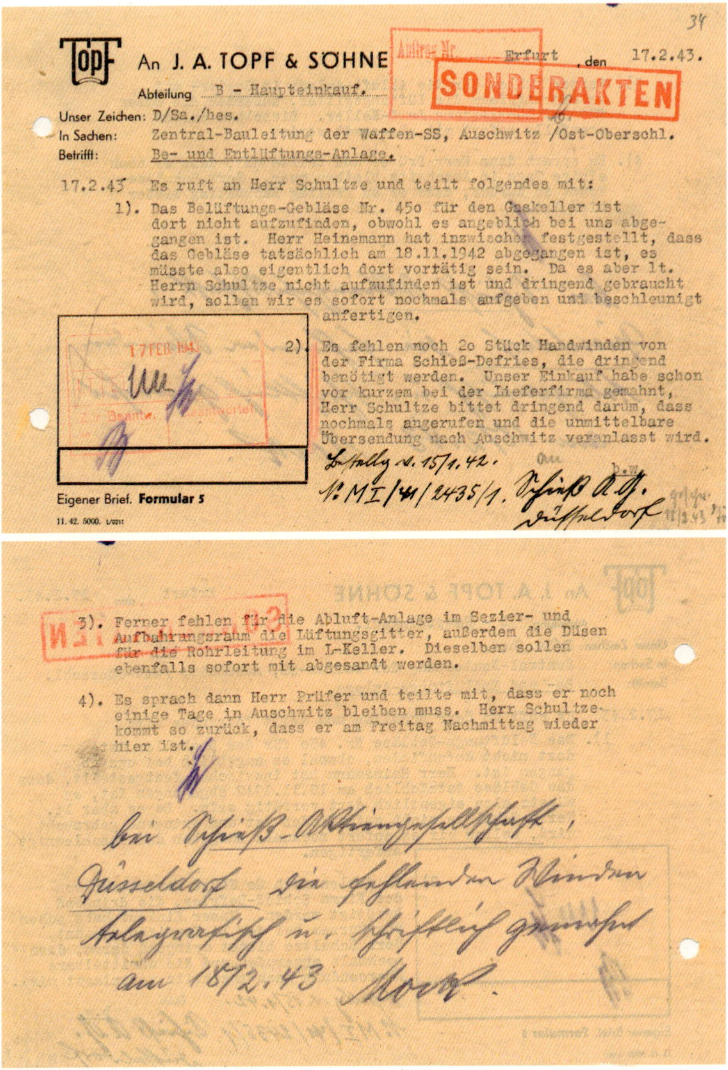

An J. A. TOPF & SÖHNE   Erfurt, den 17.2.43.

SONDERAKTEN

Abteilung B - Haupteinkauf.

Unser Zeichen: D/Sa./hes.

In Sachen: Zentral-Bauleitung der Waffen-SS, Auschwitz /Ost-Oberschl.

Betrifft: Be- und Entlüftungs-Anlage.

17.2.43 Es ruft an Herr Schultze und teilt folgendes mit:

1). Das Belüftungs-Gebläse Nr. 45o für den Gaskeller ist dort nicht aufzufinden, obwohl es angeblich bei uns abgegangen ist. Herr Heinemann hat inzwischen festgestellt, dass das Gebläse tatsächlich am 18.11.1942 abgegangen ist, es müsste also eigentlich dort vorrätig sein. Da es aber lt. Herrn Schultze nicht aufzufinden ist und dringend gebraucht wird, sollen wir es sofort nochmals aufgeben und beschleunigt anfertigen.

2). Es fehlen noch 2o Stück Handwinden von der Firma Schieß-Defries, die dringend benötigt werden. Unser Einkauf habe schon vor kurzem bei der Lieferfirma gemahnt, Herr Schultze bittet dringend darum, dass nochmals angerufen und die unmittelbare Übersendung nach Auschwitz veranlasst wird.

17 FEB 1943

Eigener Brief. Formular 5

11. 42. 5000. 1/0211

3). Ferner fehlen für die Abluft-Anlage im Sezier- und Aufbahrungsraum die Lüftungsgitter, außerdem die Düsen für die Rohrleitung im L-Keller. Dieselben sollen ebenfalls sofort mit abgesandt werden.

4). Es sprach dann Herr Prüfer und teilte mit, dass er noch einige Tage in Auschwitz bleiben muss. Herr Schultze kommt so zurück, dass er am Freitag Nachmittag wieder hier ist.

ThHStAW, J. A. Topf & Söhne Nr. 95, Bl. 34r-v

Telefonnotiz von Fritz Sander zu einem fehlenden Belüftungsgebläse für den Gaskeller, 17. Februar 1943
Mit Kürzel zeichnen im Stempel auf der 1. Seite: Ludwig Topf (L), Max Machemehl (MM), Fritz Sander (Sa) und (unten) Gustav Braun (B). Auf der 2. Seite eine Notiz von Florentin Mock, Leiter des Einkaufs. „Sonderakten" bezeichnet eine Ablage bei der Geschäftsleitung.

langen Zeitraum die Anwesenheit der drei Feuerungsbauer der Firma Topf & Söhne Martin Holick, Wilhelm Koch und Arnold Seyffarth in Auschwitz-Birkenau. Auch der Lüftungsmonteur Heinrich Messing war vor Ort. Er hielt sich von Januar bis Juni 1943 in Auschwitz auf. Im Februar 1943 wartete er auf die Lieferung eines Gebläses Nr. 450 für die Ventilation der Gaskammer. Eine Aktennotiz gibt Auskunft über ein Telefonat, das Karl Schultze am 17. Februar 1943 von Auschwitz mit Fritz Sander in Erfurt deshalb führte.

Diese Telefonnotiz zeigt, dass es in der innerbetrieblichen Kommunikation zum Gasmord kein Tabu gab. Als Zivilisten waren den Topf-Mitarbeitern die verschleiernden Sprachregelungen der SS nicht unbedingt geläufig. Untereinander nannten sie die Dinge beim Namen, der Kellerraum für den Gasmord war kurz der „Gaskeller".

Es liegt nahe, dass sich das Interesse von Forschung und Öffentlichkeit zunächst auf zwei Gruppierungen innerhalb der Firma richtet. Auf der einen Seite stehen die Inhaber, Prokuristen und Ingenieure im Fokus. Ihre Beteiligung und Verantwortung als Entscheider und Entwickler lässt sich vergleichsweise gut aus betrieblichen Dokumenten und sowjetischen Verhörprotokollen erschließen. Auf der anderen Seite erheischen und erhalten die Mitglieder der kommunistischen Widerstandsgruppe Aufmerksamkeit, gerade weil ihre Komplizenschaft so irritierend ist. Informationen über sie sind in ganz anderen Zusammenhängen überliefert: Weil sie als Verfolgte des Naziregimes anerkannt oder weil sie Inoffizielle Mitarbeiter des Ministeriums für Staatssicherheit wurden. Hinter den Konturen dieser zwei Gruppen verschwimmen die anderen Beteiligten, von denen wir kaum mehr als die Namen wissen. Die eben erwähnte Telefonnotiz von Fritz Sander hat Anneliese Hessler abgetippt. Von ihr ist nur bekannt, dass sie in der Abteilung D I (Feuerungsbau) arbeitete und – erkennbar an dem Kürzel „hes" – die internen betrieblichen Dokumente von Sander und Prüfer zu den KZ-Geschäften abtippte. Auch von den Männern, die als technische Zeichner für Prüfer und Schultze arbeiteten, wissen wir kaum etwas: Hans Köhler, Walter Reinhardt und ein Herr Sauerland (Vorname unbekannt) arbeiteten für die Abteilung D IV (Spezialofenbau) unter Leitung Kurt Prüfers, Erich Krone und Horst Scharnweber arbeiteten für die Abteilung B (Gebläsebau) unter Leitung von Karl Schultze. Einzig Horst Scharnweber, der 17 Jahre alt war, als er im April 1943 ein Jahr für Schultze arbeitete, konnte von der Autorin noch befragt werden. Er erinnerte sich an die wiederholte Anwesenheit von SS-Offizieren, erfuhr jedoch – so seine Angaben – weder von den Aufträgen für Auschwitz noch war er daran beteiligt. Auch wissen wir abgesehen von Heinrich Messing kaum etwas über die Monteure in Buchenwald, Auschwitz und den anderen Lagern: neben den obengenannten drei Feuerungsbauern in Auschwitz sind noch die Namen von Albert Mähr, der im Stammlager Auschwitz eingesetzt war, und von August Willing, der in Dachau und Gusen arbeitete, überliefert.

Am 5. März 1943, mehr als einen Monat nach dem ursprünglich geplanten Fertigstellungstermin, sah sich die SS-Bauleitung erstmals in der Lage, ihrer Berliner Führung die Dreimuffel-Öfen im Krematorium II vorzuführen.

22 junge, männliche jüdische Häftlinge, darunter der damals 26 Jahre alte Henryk Tauber aus Polen, waren für die Bedienung der Öfen ausgesucht und in einem „einmonatigen Praktikum" im Krematorium I im Stammlager angelernt worden, wie Tauber im Mai 1945 vor der polnischen Untersuchungskommission zu den in Auschwitz begangenen Verbrechen sagte. Zehn der jungen Häft-

APMO, Neg. 00287

Vier der fünf Dreimuffel-Öfen in Krematorium II kurz vor Fertigstellung, Januar 1943

linge waren inzwischen verstorben oder ermordet worden. Die Inbetriebnahme der Öfen des Krematoriums II Anfang März 1943 hat Henryk Tauber so beschrieben: „Wir heizten von früh bis ungefähr 4 Uhr nachmittags. Um diese Zeit kam eine Kommission zum Krematorium angefahren, zu der Angehörige der Politischen Abteilung und hohe SS-Offiziere aus Berlin gehörten. Außer ihnen nahmen an der Kommission auch Zivilisten und Ingenieure von der Firma ‚Topf' teil. [...] Nachdem der ganze Vorrat an Leichen auf alle Retorten [die Muffeln, A. S.] aller fünf Öfen verteilt war, beobachteten die Angehörigen der Kommission mit Uhren in der Hand den Verlauf der Verbrennung der Leichen, sie öffneten die Türen, schauten auf die Uhren, sprachen miteinander und wunderten sich, dass die Verbrennung so lange dauerte."

Die rechnerische Gesamtverbrennungskapazität lag bei maximal 8.000 Leichen in 24 Stunden in allen vier Krematorien in Birkenau. Dass diese Zahl an täglichen Verbrennungen erreicht oder überschritten wurde, war nicht die Regel. Zwischen 1942 und Frühjahr 1944 wurden selten mehr als durchschnittlich tausend Menschen am Tag nach Auschwitz deportiert. Anders war dies im Sommer 1944, als fast 440.000 Jüdinnen und Juden aus Ungarn nach Auschwitz deportiert wurden. Bis zu 9.000 Leichen täglich, an manchen Tagen über 10.000 wurden in den damals noch funktionsfähigen Krematorien II, III und V sowie in Gruben unter freiem Himmel verbrannt. Risse im Ofen hatten schon im Mai 1943 – zwei Monate nach Inbetriebnahme – zur Stillegung von Krematorium IV geführt.

Mit der Fertigstellung der Gaskammern war die SS Anfang März 1943 noch immer in Verzug. Aus einer Arbeitszeitbescheinigung, die der Topf-Monteur Heinrich Messing für den Zeitraum von Montag, den 8., bis Sonntag, den 14. März 1943, ausfüllte, wissen wir, das er in dieser Woche unter Hochdruck an der Lüftungstechnik der Kellerräume im Krematorium II arbeitete, d. h. der Gaskammer und des Auskleideraumes, zur Tarnung als Leichenkeller I und II bezeichnet. Dass er dabei selbst den Begriff „Auskleidekeller" verwendete, zeigt, wie präzise er über den Ablauf des Gasmords informiert war. Er wusste, dass die Menschen sich in dem größeren Keller entkleiden mussten, um danach im kleineren Keller ermordet zu werden. Während er die Technik für den schnellen Erstickungstod von Hunderttausenden installierte, häufte Messing in sechs Tagen 27 Überstunden an, die er säuberlich vermerkte.

Schultze war in dem gesamten Zeitraum ebenfalls in Birkenau. Schultze und Messing sind jene Topf-Mitarbeiter, die mit Sicherheit unmittelbar Zeugen und Beteiligte einer Gasmordaktion waren. An diesem 13. März 1943 wurden insgesamt 1.492 deportierte Juden aus dem Krakauer Ghetto getötet. Schultze sagte darüber im Moskauer Verhör 1948 aus: „Nach der Rückkehr aus Auschwitz habe ich in Erfurt über die von mir durchgeführten Arbeiten bei der Erprobung des Gebläses und der Lüftungsanlagen im zweiten Krematorium des Lagers Auschwitz Bericht an den Firmenschef Ludwig Topf erstattet. Nebenbei berichtete ich ihm, dass die SS-Leute in der Gaskammer eine Gruppe von Häftlingen vergiftet hatten, wonach ihre Leichen in den Einäscherungsöfen verbrannt wurden. L. Topf hat darauf nicht reagiert." Insgesamt sind in den Krematorien von Auschwitz-Birkenau von März 1943 bis November 1944, als Himmler die Einstellung der Gasmorde in Auschwitz befahl, fast eine Million Menschen getötet worden. Kurt Prüfer fiel immer wieder durch eigene Initiativen zur Optimierung der Vernichtungsanlagen auf. Am 22. Februar 1943, kurz vor der Fertigstellung des ers-

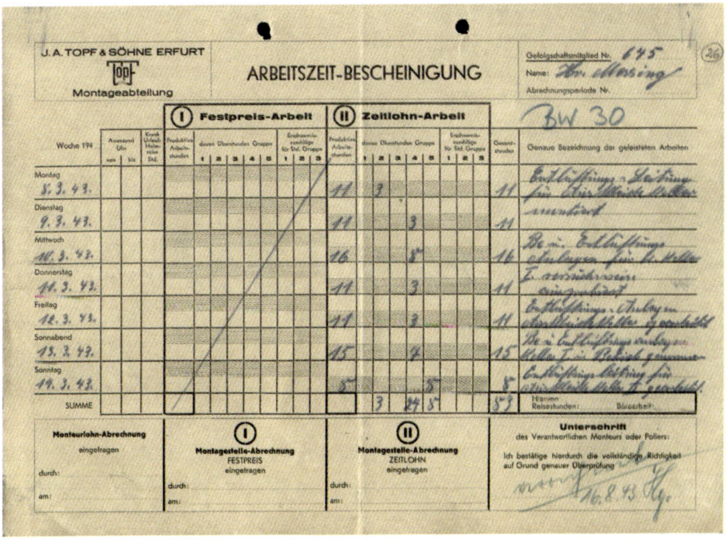

J. A. TOPF & SÖHNE ERFURT
Topf
Montageabteilung

ARBEITSZEIT-BESCHEINIGUNG

Gefolgschaftsmitglied Nr. 645
Name: Hr. Messing
Abrechnungsperiode Nr.

BW 30

I Festpreis-Arbeit — II Zeitlohn-Arbeit

Woche 194	Produktive Arbeitsstunden (II)	davon Überstunden Gruppe 2	davon Überstunden Gruppe 4	davon Überstunden Gruppe 5	Gesamtstunden	Genaue Bezeichnung der geleisteten Arbeiten
Montag 8. 3. 43.	11	3			11	Entlüftungs-Leitung für den Leichenkeller montiert
Dienstag 9. 3. 43.	11		3		11	
Mittwoch 10. 3. 43.	16		8		16	Be- u. Entlüftungsanlagen für L. Keller I versuchsweise eingebaut
Donnerstag 11. 3. 43.	11		3		11	
Freitag 12. 3. 43.	11		3		11	Entlüftungs-Anlagen [illegible] gearbeitet
Sonnabend 13. 3. 43.	15		7		15	Be- u. Entlüftungsanlagen Keller I in Betrieb genommen
Sonntag 14. 3. 43.	5			5	5	[illegible]
SUMME		3	24	5	[illegible]	Reisestunden: Büroarbeit:

Monteurlohn-Abrechnung eingetragen durch: am:

I Montagestelle-Abrechnung FESTPREIS eingetragen durch: am:

II Montagestelle-Abrechnung ZEITLOHN eingetragen durch: am:

Unterschrift des Verantwortlichen Monteurs oder Poliers:
Ich bestätige hierdurch die vollständige Richtigkeit auf Grund genauer Überprüfung
16.8.43

APMO, Au II BW 30/31, k. 26a

Arbeitszeitbescheinigung von Heinrich Messing, BW 30 (Krematorium II in Auschwitz-Birkenau), 8.-14. März 1943. (Leichen-)Keller 1 ist der SS-Tarnbegriff für die Gaskammer.

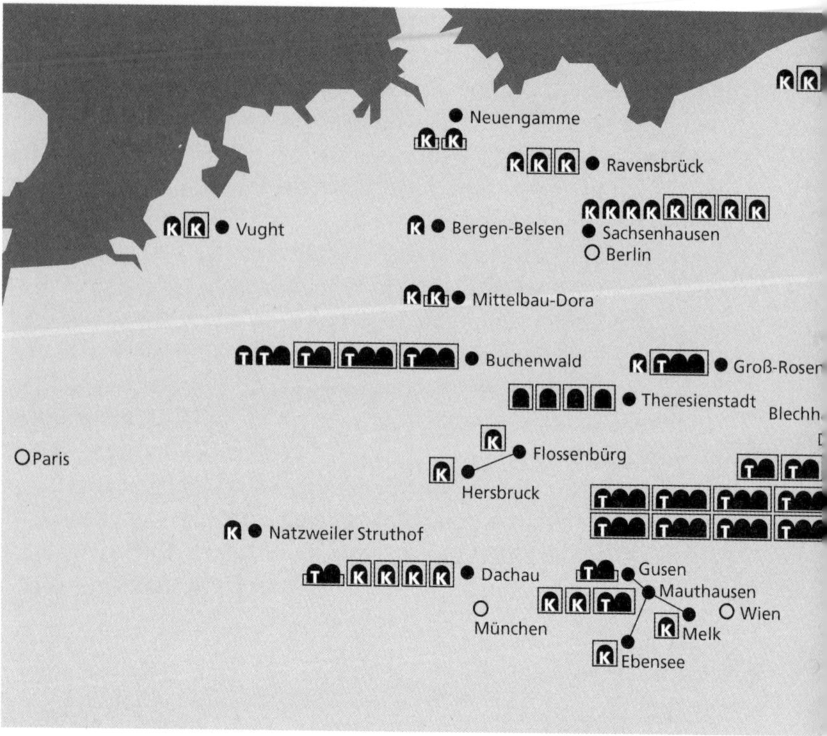

Verbrennungsöfen: Hersteller - Standorte - Typen
In den Konzentrations- und Vernichtungslagern sind mindestens 25 Öfen mit insgesamt 76 Muffeln von Topf & Söhne und 42 Einmuffel-Öfen von Kori in Betrieb genommen worden. Über die weiteren Öfen, die zum Einsatz kamen, liegen nur unvollständige Informationen vor.

ten Krematoriums in Birkenau, schlug er der SS vor, die Gaskammer mit der Abwärme der Öfen vorzuheizen. Er wusste also, dass die SS mit Zyklon B mordete und dass Wärme die Verbreitung von Zyklon B beförderte. Sein Vorschlag wurde von der SS sofort aufgegriffen, die Umsetzung war technisch allerdings nicht möglich.

Dass die Zahlungsmoral der SS schlecht war, wusste die Firma Topf & Söhne schon, bevor sie ihr die Vernichtungsanlagen für Birkenau verkaufte. Mehr als die Hälfte der Rechnungen bezahlte die SS nach der Zahlungsfrist, zum Teil über ein Jahr nach Lieferung

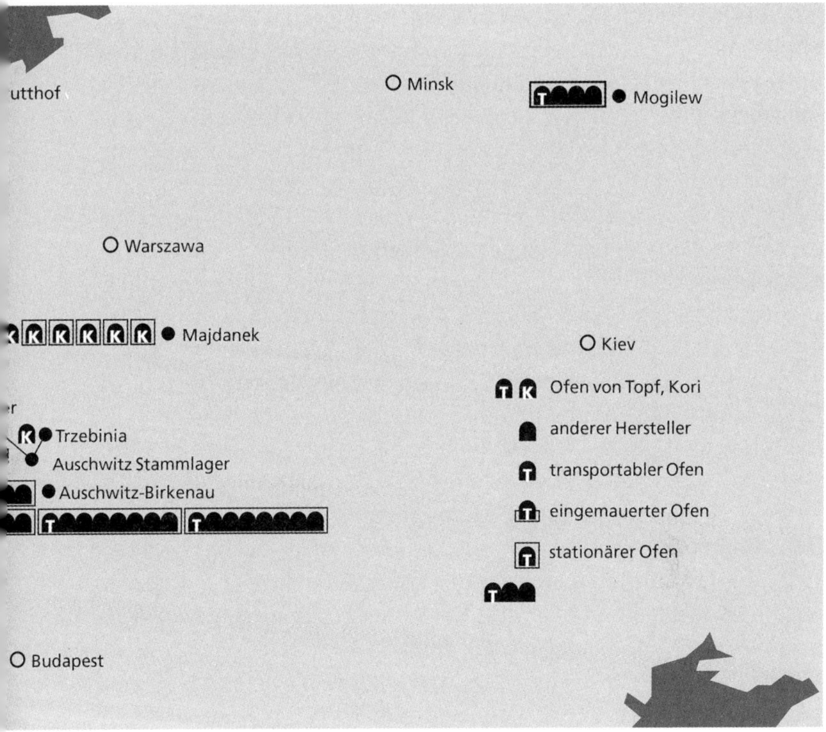

Schema: Annegret Schüle, Gestaltung Luisa Händle/Berthold Weidner

und Installation der Anlagen. In den Jahren 1942 bis 1944 betrug der Gesamtumsatz der Firma Topf & Söhne in Auschwitz-Birkenau 230.390 Reichsmark. Geht man auch für die Geschäftsbeziehung mit der SS in Auschwitz von der durchschnittlichen Gewinnrate der Firma aus, so belief sich der Reinerlös durch die Vernichtungsanlagen in Auschwitz-Birkenau für das Erfurter Unternehmen auf eine Summe zwischen 5.700 und 6.800 Reichsmark pro Jahr. Umgerechnet auf heute hat die Firma Topf zwischen 25.600 und 30.600 Euro Gewinn pro Jahr damit erwirtschaftet, die Technologie für den fabrikmäßigen Völkermord zu liefern. Für die kleine Abteilung Spezialofenbau unter der Leitung von Kurt Prüfer hatten die Lieferungen nach Auschwitz-Birkenau eine große Bedeutung. Für das Gesamtunternehmen war die Ausrüstung der Todesfabriken wirtschaftlich dagegen fast bedeutungslos, aber moralisch der Schritt in den Abgrund.

Während in Auschwitz Menschen wie am Fließband ermordet wurden, kümmerte sich der Technologe Kurt Prüfer um die Würdigung seiner beruflichen Leistungen. Es war ihm außerordentlich wichtig, dass der Betrieb sein 25-jähriges Dienstjubiläum am 16. Dezember 1943 angemessen beging. Die Brüder Topf beglückwünschten ihn und stellten mit „Stolz und Befriedigung" fest, dass er sich „dem Bau von Krematorien mit ebensoviel Interesse wie Erfolg gewidmet" habe. Die Firmenleitung beantragte bei der Gauwirtschaftskammer Thüringen eine Auszeichnung und veranlasste, dass die Zeitungen über die an Prüfer verliehene Ehrenurkunde berichteten. Wenn man noch ein Argument dafür sucht, dass die Firma Topf & Söhne bereitwillig und ohne jeden Zwang mit der SS zusammenarbeitete, so ist dies der Auftrag, den sie Anfang 1945 übernahm: mit den technischen Anlagen aus den Krematorien in Auschwitz-Birkenau in der Nähe von Mauthausen ein neues Vernichtungszentrum zu errichten. Bertrand Perz und Florian Freund haben darüber in den Dachauer Heften 2004 ausführlich berichtet. Nicht nur die Entwicklung immer leistungsfähigerer Öfen und die Ausrüstung der Gaskammern sprechen gegen die These vom Zwang. Auch das Nichtliefern eines sechsten, im Frühjahr 1943 als Ring-Ofen geplanten Krematoriums in Auschwitz-Birkenau weist in dieselbe Richtung – und zeigt, dass die Ablehnung der Ofenlieferung möglich war, aber nicht aus moralischen Gründen, sondern aus Gründen fehlender Produktionskapazitäten erfolgte.

Amerikanische Untersuchungen und der Selbstmord von Ludwig Topf

Am Nachmittag des 11. April 1945 erreichten amerikanische Truppen Buchenwald. Es war das erste, baulich voll erhaltene nationalsozialistische Konzentrationslager, das von den westalliierten Truppen befreit wurde. Die Firmenplakette an den Krematoriumsöfen wie auch das Logo auf Ofentüren und Lüftungsklappen wies die US-Armee auf das Unternehmen im nahen Erfurt hin.

Das Counter Intelligence Corps (CIC), die Spionage- und Sabotage-Abwehr der US-Armee, nahm nun Ermittlungen gegen Topf & Söhne auf und beschlagnahmte Unterlagen im Betrieb. Ernst Wolfgang Topf behauptete, die Öfen für die Lager hätten vollständig jenen legalen und nach Pietätsvorgaben konstruierten Feuerbestattungsanlagen entsprochen, die die Firma in städtische Krematorien lieferte. Am 27. April 1945 wurden die Ofenlieferungen an

NARA Washington, 111-SC-20 34 61-S

Die Öfen im Krematorium Buchenwald, 14. April 1945, Foto Walter Chichersky, U.S. Signal Corps

NARA Washington

Firmenplakette an den Öfen im Krematorium Buchenwald, Filmausschnitt, April 1945

die Lager-SS zum Thema einer Besprechung zwischen Ludwig Topf und dem Betriebsrat. Ludwig Topf rechtfertigte die erste Lieferung nach Buchenwald mit „hygienischen Erfordernissen" nach dem Ausbruch einer Epidemie. Die weiteren Bestellungen hätten sich dann daraus ergeben. „Dieser Werdegang war den Männern des Betriebrates ganz klar und meinten diese, dass wir deshalb keine Befürchtungen hegen brauchen", fasste das Protokoll zusammen. Damit war das Thema für alle Beteiligten erledigt. Es ist die erste Stellungnahme der Firmenleitung, die die Quellen überliefern. Aus Terror und Vernichtung durch die SS als auch der Bereitschaft zum Mitmachen und der eigenen Initiative ihres Geschäftspartners Topf & Söhne wurden in der Darstellung von Ludwig Topf eine sinnmachende, fast zwangsläufige und völlig unverdächtige Abfolge von Handlungen.

Das Besprechungsprotokoll vom April 1945 macht klar, dass die Männer aus der kommunistischen Widerstandsgruppe, welche nun im Betriebsrat saßen, diese Rechtfertigung der KZ-Geschäfte durch die Firmenleitung mittrugen. Nicht bekannt ist, wieweit sie vor 1945 daran beteiligt waren. Es kann allerdings vermutet werden, dass sie zu den Mitwissern gehörten. Wie sollte auch den politisch bewussten und erfahrenen Männern entgangen sein, was im Unternehmen geschah? SS-Männer gingen bei Topf & Söhne ein und aus, die mobilen Öfen wurden auf dem Gelände gefertigt und kamen zur Reparatur zurück, die Adressaten der Lieferungen in die Lager waren kein Geheimnis. Und Bernhard Bredehorn war – so erinnert sich sein Sohn Walter – als Schweißer damit beschäftigt, an Feuerungstüren für Verbrennungsöfen Halterungen anzubringen. Es liegt nahe, dass er ab 1939 nicht nur an den weiterhin produzierten Öfen für städtische Krematorien, sondern auch an KZ-Öfen arbeitete. Ein kommunistisches Betriebsratsmitglied gab es, das mit Sicherheit von allem Kenntnis hatte, weil er selbst die Technik für die Tötungsverbrechen in Auschwitz installierte und in Betrieb nahm: Heinrich Messing.

Fünf Wochen nach der Besprechung mit dem Betriebsrat starb Ludwig Topf. Er beging am frühen Morgen des 31. Mai im Alter von 41 Jahren Selbstmord. Ob er noch erfahren hatte, dass Kurt Prüfer am Vortag von der US-Armee verhaftet worden war, ist nicht bekannt. Belegt ist jedoch, dass Ludwig Topf von Offizieren des CIC über seine bevorstehende Verhaftung informiert wurde. Nach dieser Warnung schrieb Ludwig Topf noch in der Nacht ein neues Testament und verfasste einen Abschiedsbrief. Er wurde feuerbestattet wie zuvor schon sein Vater. Trotz Verhaftung hätte Ludwig Topf wohl keine strafrechtliche Verfolgung befürchten müssen. Kurt Prüfer wurde am 13. Juni 1945 wieder aus der Haft entlassen und kehrte an seinen Arbeitsplatz zurück. Die US-amerikanischen Ermittlungen wurden eingestellt.

In seinem Abschiedsbrief schrieb Ludwig Topf: „Wäre der Glaube, dass meine Unschuld an den Krematorien (die auch meines Bruders gleiche Unschuld ist) erkannt und gewürdigt würde bei mir da, würde ich wie immer bisher kämpfen um die Rechtfertigung – aber ich glaube das Volk will seine Opfer haben. Dann will ich es schon selber tun. Ich war anständig stets – das Gegenteil von einem Nazi – das weiss alle Welt.“ Die zunächst naheliegende Interpretation, den Selbstmord von Ludwig Topf als dessen Eingeständnis seiner Schuld zu deuten, ist zu kurz gegriffen und unzutreffend. Der Selbstmord war für ihn die letzte Demonstration seiner Unschuld.

Ende Juni 1945 verließ Ernst Wolfgang Topf die Stadt Erfurt in Richtung der westlichen Besatzungszonen. Er wollte nach Stutt-

J. A. TOPF & SÖHNE ERFURT

TAG BLATT

EMPFÄNGER Thüringische Verwaltungsstelle - Kreisstelle Erfurt - 20.11.45 -1-

E r f u r t, Hindenburgstrasse

Z. Zeit laufende Patentanmeldungen "D"

Akten-Nr.:	Aktenzeichen:	Gegenstand:	Anmeldetag:
D 39/1	T 52 739 V/24 f	Mechanischer Stufenrost m. Wasserumlaufkühlung	25. 8. 1939
39/2	T 52 961 V/24 f	Rostbelag zu mechanischen Stufenrosten	21.1o. 1939
39/3	T 53 166 V/24 d	Einäscherungs-Ofen mit Doppelmuffel	6.12. 1939
41/4	T 56 o22 V/24 f	Mechanischer Vorschubrost mit gekrümmten Rostplattenträgern	5. 8. 1941
41/5	T 56 34o V/24 f	Mechanischer Zonen-Vorschub-Rost	15.1o. 1941
42/3	T 58 24o V/24 d	Kontinuierlich arbeitender Leichen-Verbrennungsofen für Massenbetrieb	5.11. 1942
42/4	T 58 282 V/24 f	Luftgekühlte Rostplatten für mechanische Vorschubroste	16.11. 1942
42/6	T 58 441 V/82 a (Auch GM-Hilfsanmeldung Az.: T 18 514/82 a)	Querstromtrockner für körnige Brennstoffe u. andere Schüttgüter mit vor- u. nachgeschaltetem Mahlgang	17.12. 1942
42/7	T 58 449 III/5o c (Auch GM-Hilfsanmeldung Az.: T 18 548/5o c)	Mühle für Brennstoffe u. andere Schüttgüter	17.12. 1942
43/1	T 58 825 V/24 i (Auch GM-Hilfsanmeldung Az.: T 18 78o/24 i)	Schornstein und Entlüftungsaufsatz	10. 3. 1943
44/1	(Auch GM-Hilfsanmeldung Az.:	Verfahren zur mechanischen Längs- u. Querschürung des Brennstoffbettes bei mechanischen Schürrosten	10. 3. 1944

500. 3. 42. L/0211

ThHStAW, Landeskommission zur Durchführung der Befehle 124/126, Nr. 4651, Bl. 20r

Patentanmeldungen „D“ (Auszug), 20. November 1945
„D“ sind die Abteilungen D I und II (Feuerungsbau), D III (Industrieschornstein- und Säurebau) und D IV (Spezialofenbau).

gart reisen, um sich bei der Allianz-Versicherungsgesellschaft die Sozietätslebensversicherung von 300.000 Reichsmark auszahlen zu lassen, die durch den Tod des Bruders fällig geworden war. Am 3. Juli wurde die Stadt Erfurt von den amerikanischen Militärs an die sowjetische Armee übergeben. Ernst Wolfgang Topf bekam keine Erlaubnis zur Rückkehr in die Sowjetische Besatzungszone und wohnte ab Oktober im Gudensberg bei Kassel, wo die Tochter seiner Schwester Hanna bei der amerikanischen Militärregierung arbeitete. Im November 1945 wurde Topf & Söhne als „herrenloser Betrieb“ entsprechend des SMAD-Befehls 124 unter provisorische Verwaltung gestellt. Der Sowjetischen Militäradministration war vor allem an einer weiteren Produktion gelegen. Im Rahmen dieser Erfassung listeten die Abteilungen ihre Patente und Patentanmeldungen auf und meldeten sie der zuständigen „Kreisstelle Erfurt“ der „Thüringischen Verwaltungsstelle“. Für die Abteilung D sind als „z. Zt. laufende Patentanmeldungen“ unter anderem vermerkt: „Einäscherungs-Ofen mit Doppelmuffel“, angemeldet am 6. Dezember 1939, und „kontinuierlich arbeitender Leichen-Verbrennungsöfen für Massenbetrieb“, angemeldet am 5. November 1942. Bei diesen Patentanmeldungen handelt es sich um die beiden Ofentypen, die von Prüfer für die ersten KZ-Krematorien und von Sander für das Vernichtungslager Birkenau entwickelt worden waren. Deutlich wird das fehlende Unrechtsbewusstsein. Diese Anmeldungen wurden weiter registriert, als hätte es die Bilder aus dem befreiten Buchenwald und die Nachrichten aus dem zerstörten Auschwitz-Birkenau nie gegeben.

Mit dem Ziel, die Zwangsverwaltung der Firma durch die sowjetischen Behörden rückgängig zu machen, bemühte sich Ernst Wolfgang Topf von der amerikanischen Besatzungszone aus um eidesstattliche Erklärungen, die eine Reihe von Beschäftigten aus Erfurt ohne Mitgliedschaft in der NSDAP noch kurz vor Jahresende 1945 für ihn abgaben. Von besonderer Bedeutung ist die Erklärung von Buchhalter Willy Wiemokli, der seinen Vater in Auschwitz verloren hatte. David Wiemokli war im April 1943 von Erfurt nach Auschwitz deportiert worden und dort elf Wochen später im Alter von 66 Jahren gestorben. Sein Leichnam wurde mit Sicherheit in einem Ofen der Erfurter Firma verbrannt. Sein Sohn Willy Wiemokli empfand eine tiefe Loyalität gegenüber Ernst Wolfgang Topf. Nach seiner Befreiung aus dem Zwangsarbeiterlager durch die amerikanische Armee war er nach Erfurt zurückgekehrt und nahm seine Arbeit bei

Topf & Söhne sofort wieder auf. Spätestens ab August 1945 war er auch Mitglied und Schriftführer des Betriebsrates. Wiemokli setzte sich, wie zunächst der gesamte Betriebsrat, dafür ein, dass das Unternehmen wieder an die Familie Topf zurückgegeben wurde, 1946 wurde er als von den sowjetischen Behörden eingesetzter Zwangsverwalter (Sequester) zum wichtigsten Mann im Betrieb. Er wusste von der Geschäftsbeziehung mit der SS. Es scheint, als wäre – nach all den Erfahrungen von Ausgrenzung und Bedrohung – die Dankbarkeit und der Wunsch, dazuzugehören, berufliche Leistung zu erbringen und Verantwortung zu tragen, für ihn das Wichtigste gewesen.

Sowjetische Verhaftungen und das Entnazifizierungsverfahren von Ernst Wolfgang Topf

Am 1. März 1946 erhielt Topf & Söhne Erfurt einen Großauftrag für Mälzereien und Brauereien von der Reparationsabteilung der Sowjetischen Militäradministration. Wenige Tage später verhafteten sowjetische Offiziere der militärischen Spionageabwehr SMERSCH vier leitende Mitarbeiter der Firma: die Ingenieure Gustav Braun, Kurt Prüfer, Fritz Sander und Karl Schultze. Jahrelang erfuhren die Angehörigen nichts über ihr Schicksal. Die damals 22-jährige Chefsekretärin Johanna Schütte verließ nach familiärer Überlieferung Hals über Kopf die sowjetische Besatzungszone Richtung Hessen, nachdem sie ein Angehöriger der sowjetischen Armee vor ihrer Verhaftung gewarnt hatte. Auch Heinrich Messing sollte vernommen werden. Er wurde vom Betriebsratsvorsitzenden Friedrich Schiller gewarnt und tauchte für 14 Tage unter. Gleichzeitig beschlagnahmten die Sowjets Papiere zum Krematorienbau der Firma. Weil die Rote Armee Unterlagen der SS-Bauleitung in Auschwitz sichergestellt hatte, war ihr deren Geschäftsbeziehung mit Topf & Söhne bekannt. Das zeigt sich auch in den Dokumenten, die sie dem Internationalen Militärgerichtshof in Nürnberg vorlegte. Auf der Liste der „Ausführenden der Verbrechen“, welche die Kommission dem „Gerichtshof der Völker“ übergeben wollte, damit die Täter „ihre verdiente harte Strafe erhalten“, stand Kurt Prüfer an vierter Stelle nach Glücks, Pohl und Kammler, allesamt führende SS-Funktionäre im Wirtschaftsverwaltungshauptamt, und noch vor den Lagerkommandanten und ihrem Leitungspersonal.

Sander, mit fast 70 Jahren der älteste der inhaftierten Topf-Ingenieure, starb bereits drei Wochen nach seiner Verhaftung nach vier Verhören am 26. März 1946 in Berlin-Karlshorst an Herzversagen. Die anderen drei Inhaftierten wurden nach Moskau überstellt. Am 17. April 1948 verurteilte sie ein „Sonderkollegium beim Minister für Staatssicherheit“ der UdSSR „zu 25 Jahren Arbeitsbesserungslager“. Das war die Höchststrafe, die dieses Organ verhängen konnte, ohne dass ein Prozess durchgeführt werden musste. Kurt Prüfer starb am 24. Oktober 1952 im Lager an einem Schlaganfall.

Zeitgleich mit den sowjetischen Verhaftungen in Erfurt erschien am 6. März 1946 in den *Hessischen Nachrichten* ein Bericht über die Anklagedokumente, die im ersten Nürnberger Prozess vor dem

Internationalen Militärgerichtshof vorgelegt wurden. In diesem Artikel wurde die Ausbeutung der Leichen in den Vernichtungslagern beschrieben und Topf & Söhne namentlich erwähnt. Aufgrund dessen nahm der Geheimdienst der US-Armee, das Counter Intelligence Corps (CIC), seine Ermittlungen gegen E. W. Topf erneut auf und vernahm ihn am 25. März 1946. Wortreich distanzierte sich Topf einen Tag nach dieser Vernehmung in einer eidesstattlichen Erklärung davon, dass seine Firma mit den in Auschwitz begangenen „Abscheulichkeiten wie Goldzahnverwertung, Haarverwertung“ oder „Seifenherstellung“ etwas zu tun haben könnte und bekräftigte dies mit seinem „heiligsten Eid“. „Die Aufträge für die Einäscherungsöfen der Konzentrationslager“ rechtfertigte er dagegen als „Kriegsaufträge“ mit „Dringlichkeitsbescheinigung in höchster Stufe zu den dementsprechend befohlenen Terminen“. „Eine Weigerung oder Verschleppung wäre nach den Kriegsgesetzen (betreffend Sabotage) schwerstens bestraft worden. Die Abwicklung war normal und keine ‚Geheim-‘ oder ‚Verschlusssache‘. Jedermann fand die Unterlagen zu jeder Zeit in der Registratur. [...] Auch befand sich das Firmenzeichen auf den Gussteilen. Hätten wir Böses geahnt oder gewusst, so hätte mein Bruder bei seiner Veranlagung die Position ‚Firmenschild‘ instinktiv von der Stückliste streichen lassen.“ Die Ventilation der Gaskammern erwähnte er nicht. Wieder gingen die amerikanischen Untersuchungen im Sinne Ernst Wolfgang Topfs aus. Der Zeitungsartikel selbst lieferte keine ausreichende Handhabe. Ob das CIC die im Artikel angesprochene Korrespondenz zwischen der Erfurter Firma und der SS in Auschwitz, die sowjetische Behörden dem Kriegsverbrechertribunal in Nürnberg vorgelegt hatten, anforderte, ist nicht bekannt. E. W. Topf war zwei oder drei Wochen in Haft, dann wurden die Untersuchungen ein zweites Mal eingestellt.

Kurz danach geriet Ernst Wolfgang Topf durch seine Mitgliedschaft in der NSDAP erneut in das Visier der Behörden. Wie jeder andere Erwachsene in der amerikanischen Besatzungszone musste er einen „Meldebogen auf Grund des Gesetzes zur Befreiung von Nationalsozialismus und Militarismus vom 5.3.1946“ ausfüllen, was er am 27. April 1946 tat. Bei seinen Angaben äußerte er die Meinung, dieses Gesetz träfe nicht auf ihn zu, da er seine „absolute Ablehnung des Nationalsozialismus“ und seine „aktive Gegnerschaft sowie die daraus entstandenen Nachteile und Gefahren“ beweisen könne. Allerdings reichte die bloße Parteimitgliedschaft, die E. W. Topf wie rund 8,5 Millionen Deutsche eingegangen war, zur Einleitung eines Spruchkammerverfahrens aus. Die Spruchkammern waren Laiengerichte mit öffentlichen Klägern, die in den Städten und Landkreisen der amerikanischen Besatzungszone nach dem oben genannten Gesetz der Militärregierung eingerichtet worden und den Landesministerien für politische Befreiung unterstellt waren. Mit ihnen sollte die Entnazifizierung weiter nach Vorgaben und unter Aufsicht der Militärregierung erfolgen, ihre Durchführung war nun aber weitgehend in deutsche Hände gelegt. Wer Anhaltspunkte für eine Belastung lieferte, wurde vorgeladen, in einem prozessähnlichen Verfahren in eine von fünf Gruppen eingestuft und gegebenenfalls bestraft: man war hauptschuldig, belastet, minderbelastet, Mitläufer oder entlastet. Zuständig für Ernst Wolfgang Topf war die Spruchkammer Fritzlar-Homberg, die ihn im Dezember 1946 aufforderte, eidesstattliche Erklärungen über seine politische Einstellung von mindestens zwei unbelasteten Zeugen aus Erfurt einzureichen. Diese hatte er sich schon im Winter 1945/46 besorgt, als er die Zwangsverwaltung des Betriebes in Erfurt rückgängig machen wollte.

Auch die Spruchkammer wandte sich nach Erfurt, um Zeugenaussagen zu erhalten. Sie erhoffte sich davon, Ernst Wolfgang Topf sein Wissen um den verbrecherischen Einsatz der Topfschen Technik in den Lagern nachweisen zu können. Auf eine entsprechende Bitte an die SED, den Antifa-Block und die Polizei in Erfurt im Juli 1947 antwortete für letztere Kriminalassistent Ziegenbein vom Kommissariat K 5 Anfang August. Er wiederholte die Vorwürfe, die von dem Erfurter Betrieb schon ein Jahr zuvor genannt wurden, als es um die politische Belastung der Brüder Topf ging. Ludwig Topf habe sich „beim Herannahen der Amerikaner vergiftet", E. W. Topf sei „beim Herannahen der russischen Besatzungsmacht" geflohen. Grund sei jeweils die „durch die beiden Chefs getätigten Errichtungen von Krematorien in allen K.Z. Deutschlands" gewesen. Kern der Vorwürfe war, dass die Brüder „von den Vorgängen in den K.Z. unbedingt unterrichtet" gewesen seien. Die Ausstattung der Gaskammern wurde von Ziegenbein nicht erwähnt. „Monteure und Arbeiter, die mit dem Bau der Öfen betraut waren, beantragten wiederholt ihre Befreiung von diesen Montagen, wurden aber von den Chefs, insbesondere E. W. Topf, welcher dieses Ressort verwaltete, gezwungen, diese Montage zu Ende zu führen. Bei nicht Befolgen der Anordnungen wurde diesen Leuten mit dem S.D. gedroht und ihrer Einberufung in den Wehrdienst." Mit S.D. ist der Sicherheitsdienst, ein Geheimdienst der NSDAP, gemeint.

Interessant ist an dieser Exkulpation der Arbeiter durch die Erfurter Polizei, das sie unaufgefordert erfolgte. Die Gründe dafür liegen vermutlich in den personellen Verbindungen zwischen den kommunistischen Arbeitern bei Topf und den Polizeibehörden ab 1945. Kurt Ziegenbein und Bernhard Bredehorn kannten sich aus der Zeit des illegalen, kommunistischen Widerstandes im nationalsozialistischen Erfurt. Seit dem 8. Mai 1945 war Bredehorn zudem Referatsleiter der neu gegründeten politischen Abteilung der Erfurter Kriminalpolizei. Nach dem Besatzungswechsel am 3. Juli wurde er der erste Polizeipräsident Erfurts unter sowjetischer Herrschaft. Wahrscheinlich war er es, der Heinrich Messing, den Auschwitz-Monteur, nachholte. Dieser wechselte am 7. Juli 1945 ebenfalls von Topf & Söhne zur Kriminalpolizei. Messing übernahm am 1. April 1946 die Polizei-Außenstelle im nordthüringischen Sondershausen als Dienststellenleiter, kehrte im Juli 1948 nach Erfurt zurück und verließ die Polizei am 15. März 1951. Auch wenn Bredehorn im Sommer 1947 nicht mehr bei der Erfurter Kriminalpolizei beschäftigt war und Messing zu dieser Zeit bei der Polizei in Sondershausen arbeitete, könnte es der Loyalität Ziegenbeins zu den alten Genossen und dem Schutz der Polizei als Institution geschuldet sein, dass er den Topf-Arbeitern unaufgefordert ein Nicht-Mitmachen-Wollen bei den SS-Geschäften bescheinigte. Drei Wochen nach Ziegenbein meldete sich auch die Erfurter SED bei der Spruchkammer, allerdings mit absurden Beschuldigungen: Topf wäre Angestellter von Rheinmetall und ein fanatischer Nazi gewesen und hätte sich als SA-Mitglied am Novemberpogrom 1938 beteiligt. Erst Anfang 1948 korrigierte die SED ihre Anschuldigungen und sprach von einer Verwechslung.

Das Polizeikommissariat K 5 in Erfurt wurde von der Spruchkammer im November 1947 nun explizit aufgefordert, die in ihrem Schreiben vom August genannten Personen als Zeugen zu vernehmen und deren Aussagen zu übersenden. Wenn Herr Ziegenbein selbst über den Krematorienbau berichten könne, solle dies mitgeteilt werden. Ziegenbein, inzwischen zum stellvertretenden Kommissariatsleiter aufgestiegen, ließ die Spruchkammer dreieinhalb Monate auf eine Antwort warten. Ende Februar 1948 schickte er die Abschrift eines kurz zuvor angefertigten Berichts des Betriebsrates von J. A. Topf & Söhne nach Fritzlar-Homberg. Zeugen wurden darin nicht benannt. Die bekannten Vorwürfe, dass die Erfurter Firma Krematorien in allen nationalsozialistischen Konzentrationslagern gebaut habe und die Monteure von den Firmeninhabern zum Einsatz gezwungen worden seien, wurden wiederholt und um ein vernichtendes Urteil über die Brüder Topf ergänzt: „Die Besitzer standen im sozialen Sinne der Belegschaft vollständig ablehnend gegenüber", hieß es. Als Beispiele wurden die Reduktion der Belegschaft nach Kriegsende „trotz Kriegsgewinne" angeführt, das Zusammenraffen „allen verfügbaren Kapitals" durch E. W. Topf, bevor er in den Westen „flüchtete", und sein Einkassieren offener Rechnungen von dort. Danach wurde der Lebenswandel der Brüder Topf moralisch verurteilt. Dieser Bericht fiel noch in die Ära von Friedrich Schiller als Betriebsratsvorsitzender, ging aber ohne namentliche Unterzeichnung nach Fritzlar. Er zeigt, wie wenig der Betriebsrat der Spruchkammer zu helfen bereit war. Es ging um die Frage, ob sich E. W. Topf der Unterstützung eines Verbrechens gegen die Menschlichkeit schuldig gemacht hatte, und der Betriebsrat sprach von betrunkenen und prügelnden Firmenchefs. Wenn diese Brüder so schlimm gewesen waren, warum hatte der Betriebsrat dann im Frühjahr 1945 erklärt, dass sie „in einer kommunistisch beeinflussten Wirtschaftsführung [...] auch weiterhin einen Platz und eine ihren Kenntnissen und Fähigkeiten entsprechende Entfaltungsmöglichkeit" hätten? So verbalradikal die Kritik auch daherkam, sie ließ die Ermittlungen der Spruchkammer in Fritzlar-Homberg ins Leere laufen.

Im März 1948 übersandte die Spruchkammer die Entnazifizierungsakte von E. W. Topf an die Spruchkammer Wiesbaden. Diese hielt in einem vorläufigen Ergebnis drei Monate später fest: „Im Falle Topf müssen weitere Ermittlungen angestellt werden. Der Betriebsrat müsste doch einzelne Personen namhaft machen können, ebenfalls der Krim. Ass. Ziegenbein. Es geht natürlich nicht an mit Behauptungen um sich zu werfen ohne Beweise." Doch Erfurt rührte sich nicht. Der Vorsitzende der Spruchkammer Wiesbaden startete im Juli 1948 eine neue Initiative über den Dienstweg. Er wandte sich an das Ministerium für politische Befreiung in Wiesbaden mit dem Vorschlag, beim Internationalen Militär-Tribunal Nürnberg Unterlagen über die Firma Topf zu suchen. Im entsprechenden Schreiben taucht zum ersten Mal der Vorwurf auf, die Erfurter Firma habe auch „fahrbare Verbrennungsöfen entwickelt und der SS zur Verfügung gestellt". Diese Information ist deshalb so bedeutsam, weil sie der Argumentation von E. W. Topf widersprach, die Firma habe normale Feuerbestattungsöfen geliefert, die ohne ihr Wissen in den Lagern missbraucht worden seien. Woher dieses Wissen kam, erschließt sich aus der Entnazifizierungsakte nicht. Am Oktober 1949, also mehr als ein Jahr später, antwortete der Staatsanwalt Hans Sachs aus Nürnberg, dass „urkundliches Beweismaterial" über Ernst Wolfgang Topf nicht vorhanden sei. Dokumente zu Topf, die nachweislich in Nürnberg vorgelegen hatten, wurden also nicht nach Wiesbaden weiter gereicht.

Das nächste Schriftstück in der Entnazifizierungsakte von E. W. Topf wurde drei Wochen später verfasst. Regierungsrat Max Mayr teilte dem Ministerium für politische Befreiung mit, dass in Buchenwald „vor dem Lagertor ein fahrbarer Verbrennungsofen ausprobiert wurde", bevor dort ein Lagerkrematorium errichtet worden sei. „Wie mir Kameraden angeben, hat die Fa. Topf diesen Ofen geliefert." Mayr gab den Hinweis, dass man über die Betreuungsstelle in Frankfurt ehemalige Häftlinge aus den Arbeitskommandos „Baubüro" und „Krankenbau" finden könnte. Dem muss die Spruchkammer nachgegangen sein. Im November 1949 schrieb ein Werner Münchheimer aus Frankfurt am Main, er sei als Häftling in Buchenwald bei der Bauleitung beschäftigt gewesen und erinnere sich, „als Baufirma der Verbrennungsöfen des KZ Buchenwald mehrfach den Titel der Firma Topf gelesen und einmal gesehen" zu haben. Als Schornsteinbautechniker war ihm zudem die Firma schon zuvor in Frankfurt begegnet. Nach der Zeit von vier Jahren wollte er diese Aussage nicht mehr beeiden, verwies jedoch für genauere Angaben an Alfred Ingenhag aus Krefeld. Dieser bezeugte, dass die Firma in Buchenwald sowohl stationäre Öfen als auch einen mobilen Ofen aufgestellt habe. Warum nicht schon viel früher ehemalige Häftlinge des KZ Buchenwald befragt wurden, bleibt im Dunkeln. Das Schreiben von Ingenhag ist das letzte Dokument in der Spruchkammerakte.

Es ist bekannt, dass gravierende Fälle in den Spruchkammern oft hinausgezögert wurden, und dann – als die US-Behörden im Zuge des Kalten Krieges ab 1948 ihr Interesse an der Entnazifizierung verloren – nicht angemessen geahndet wurden. Für das Verfahren gegen Ernst Wolfgang Topf war allerdings die ausbleibende Unterstützung aus Erfurt wie auch die fehlende Kooperation der amerikanischen und sowjetischen Militärs der wesentliche Hinderungsgrund für den Abschluss der Beweisaufnahme. Die

Spruchkammer Wiesbaden wurde Ende 1949 aufgelöst, das nicht abgeschlossene Topf-Verfahren an die Zentralberufungskammer Hessen-Süd in Frankfurt weitergereicht. Diese stellte das Verfahren Anfang März 1950 ein, da „der Betroffene lediglich der NSDAP seit 1933 angehörte, ohne ein Amt oder einen Rang zu bekleiden". Allerdings bedeutete dies nicht die Entlastung von E. W. Topf, ganz im Gegenteil. Die Spruchkammerakte wurde an die Staatsanwaltschaft Wiesbaden übergeben, die unter dem Aktenzeichen 3 Js 737/50 Ermittlungen gegen Ernst Wolfgang Topf wegen Beihilfe zum Mord aufnahm. Eine Verhandlung vor einem deutschen Gericht war jetzt – nach dem Ende der Nürnberger Prozesse 1948 und der Spruchkammerpraxis 1950 – die einzige Möglichkeit, Ernst Wolfgang Topf juristisch zur Rechenschaft zu ziehen. Die drei Zeugenaussagen von Mayr, Münchheimer und Ingenhag, die ebenfalls an die Zentralberufungskammer Süd weitergereicht worden waren und deshalb so große Bedeutung hatten, weil sie den illegalen transportablen Ofen von Topf & Söhne bezeugten, tauchten in den sich anschließenden Ermittlungsverfahren allerdings nicht wieder auf. Damit war eine reale Chance, Ernst Wolfgang Topf juristisch zur Rechenschaft zu ziehen, vertan.

Einstellung der Ermittlungen in Erfurt und Wiesbaden

Lange hatte die Gemeinschaft der Komplizen in Erfurt funktioniert – die örtliche SED und die Kriminalpolizei eingeschlossen. Doch dann passierte etwas Unerwartetes. Am 24. November 1950 wurden vier leitende Mitarbeiter der Topfwerke Erfurt VEB von der Kriminalpolizei verhaftet, der Direktor Herbert Bartels, der Kaufmann Max Machemehl, der Oberingenieur Paul Erdmann und der kaufmännische Angestellte Wilhelm Gleitz. Der Vorwurf: „Verbrechen gegen die Menschlichkeit nach Kontrollratsgesetz Nr. 10". Die Männer wurden vom Betrieb fristlos entlassen. In einem Bericht des Erfurter Oberstaatsanwalts vom März 1951 heißt es: „Die Ermittlungen wurden anfangs vom Ministerium für Staatssicherheit Weimar geführt, wie dann später festgestellt wurde, dass nichts an der Sache daran ist, der Kriminalpolizei Erfurt übergeben. Von dort wurde wiederholt von dem ermittelnden Angestellten der Kriminalpolizei, V.P.-Meister Hofmann, mitgeteilt, dass bei der ganzen Sache nichts herauskommt, da, wie er mir einmal sagte, die Freunde, er meinte damit die SKK, kein Interesse an der Angelegenheit hätte." Die sowjetische Kontrollkommission (SKK) war das Nachfolgeorgan der SMAD nach der Übergabe der Verwaltungsfunktionen an die Regierung der DDR am 10. Oktober 1949. SS-Bauleitungsakten, beschlagnahmte Betriebsakten und Vernehmungsprotokolle im sowjetischen Besitz hätten damals Erdmann und Machemehl schwer belasten können. Dass die SKK „kein Interesse an der Angelegenheit" hätte, kann nur so verstanden werden, dass diese eine Einstellung der Ermittlungen verlangte. Der ermittelnde Erfurter Polizist Hofmann hatte damit seine Schwierigkeiten und widersetzte sich deshalb einem raschen Abschluss, wie aus dem weiteren Bericht des Oberstaatsanwaltes hervorgeht: „Obwohl ich auf Grund dieser Mitteilung den ermittelnden Angestellten der Volkspolizei V.P.-Meister Hofmann nun mehrmals dringend erinnert habe die Ermittlungen abzuschliessen, wurden diese sehr schleppend geführt, sodass bei der damaligen bereits festgestellten Sachlage eine Entlassung der Angeschuldigten hätte erfolgen müssen." Mitte Februar 1951 übergab die Volkspolizei dann die Akte an die Staatsanwaltschaft, die kurz darauf die Ermittlungen einstellte. Die vier Männer wurden nach drei Monaten

Haft am 23. Februar 1951 entlassen. Über die Gründe, warum die sowjetischen Behörden die Strafverfolgung der vier ehemaligen Topf-Mitarbeiter unterbanden, kann man nur spekulieren. Hatten sie im Kalten Krieg kein Interesse mehr, in „ihrem“ Teil Deutschlands Funktionsträger mit ihrer Vergangenheit im Nationalsozialismus zu konfrontieren? Oberingenieur Paul Erdmann, von dem die Staatsanwaltschaft wusste, dass er an den SS-Geschäften beteiligt gewesen war, ging in den Ruhestand und wurde nicht weiter behelligt. Er starb ein Jahr später im Alter von 71 Jahren im Luftkurort Ballenstedt im Harz. Max Machemehl, der als kaufmännischer Prokurist die finanzielle Abwicklung der SS-Geschäfte betreut hatte, verließ die DDR und siedelte nach Westdeutschland über. Später schloss er sich der Vereinigung *Heimattreuer Erfurter* an. 1960 gegründet, „bildeten sie die Gemeinschaft der außerhalb der Heimatstadt lebenden Erfurter, die im freien Westen, der Bundesrepublik Deutschland und im Ausland, sich für die Belange der Vaterstadt einsetzen wollten, bis dort wieder demokratische Verhältnisse eingekehrt sind“, wie es der letzte Vorsitzende Dr. Lorenz Drehmann formulierte. Über das weitere Schicksal von Herbert Bartels und Wilhelm Gleitz, denen keine direkte Beteiligung an den KZ-Geschäften nachzuweisen ist, ist nichts bekannt.

Während die Ermittlungen in Erfurt noch liefen, wurde der dortige Oberstaatsanwalt von seinem Kollegen aus Wiesbaden aufgefordert, sich am Ermittlungsverfahren 3 Js 737/50 gegen Ernst Wolfgang Topf zu beteiligen. Vor allem wollte der Oberstaatsanwalt in Wiesbaden wissen, „ob der Beschuldigte den verbrecherischen Verwendungszweck der an die Konzentrationslager gelieferten Verbrennungsöfen kannte“ und verlangte Abschriften von Aussagen der Monteure. Die „zahlreichen im Bundesgebiet vernommenen Zeugen“ hätten nicht bekunden können, „daß der Beschuldigte Verkehr mit der SS des Konzentrationslagers Buchenwald oder mit dem sonstigen Lagerpersonal hatte, von welcher Seite er Zeugnis vom verbrecherischen Verwendungszweck der Öfen hätte erhalten können“, schrieb er zeitgleich in einem Zwischenbericht an den hessischen Justizminister. Nach einigem Hin und Her wurden am 7. Juni 1951 die Kopien von vier Aussagen aus Erfurt nach Wiesbaden gesandt. Leider sind sie nicht überliefert. Es ist auch nicht bekannt, mit wem diese Vernehmungen geführt worden waren und was sie mitteilen. Allerdings sollten diese Aussagen im weiteren Fortgang in Wiesbaden keine Rolle spielen. Die Akten des Ermittlungsverfahrens 3 Js 737/50 sind nicht erhalten, lediglich der Einstellungsbescheid vom 29. Oktober 1951 liegt im Archiv des Hessischen Justizministeriums. Dort notierte der Oberstaatsanwalt, dass „dem Beschuldigten nicht zu widerlegen“ gewesen sei, „daß er sich mit technischen Fragen nicht befasste und über den wirklichen Verwendungszweck der an das KZ Buchenwald gelieferten Verbrennungsöfen nicht unterrichtet war. [...] Für den Beschuldigten spricht auch, dass er nicht Mitglied der NSDAP war, grundsätzlich keine ‚PG's' einstellte und den Gruß ‚Heil Hitler' ablehnte.“ Es irritiert, dass der Wiesbadener Oberstaatsanwalt so weit ging, die aktenkundige Parteimitgliedschaft von E. W. Topf zu verneinen. Auch verwundert angesichts der tiefen Skepsis der Spruchkammer Fritzlar-Homberg zwei Jahre zuvor, welches Gewicht der entlastenden Darstellung von Topf selbst gegeben wurde. Dem Oberstaatsanwalt in Wiesbaden fehlten nicht nur die Beweise für die Weiterführung der Ermittlungen, er wollte das Verfahren einstellen.

Die ehemaligen KPDler bei Topf arbeiteten – schon im eigenen Interesse – weiter an ihrem Ruf als untadelige Widerständler. Als Heinrich Messing und Friedrich Schiller 1951 als Verfolgte des Naziregimes (VdN) anerkannt werden wollten, bürgten Bredehorn und Schiller für Messing sowie Bredehorn, Kellermann und Messing für Schiller. Friedrich Schiller bescheinigte seinem Genossen Messing, ein „aufrichtiger Kämpfer“ und „an der illegalen Arbeit maßgeblich als Vorbild beteiligt“ gewesen zu sein. Durch „seine besondere Beschäftigung als Monteur hatte er sehr viel auswärts zu tun und bekam von uns stets neue Richtlinien mit und es war ihm möglich, immer aktuelles Material zurück in den Betrieb zu bringen, was natürlich für uns Genossen sehr wichtig war“. Messing erklärte seinerseits zugunsten von Schiller: „Als Handwerker führte uns das Schicksal bei der Firma Topf & Söhne Erfurt wieder zusammen und jede Gelegenheit wurde ausgenutzt, unsere Arbeit im Sinne unserer Partei illegal vorwärts zu treiben.“ Heinrich Messing war inzwischen auch als Schöffe am Bezirksgericht tätig und verpflichtete sich 1953 als Inoffizieller Mitarbeiter des Ministeriums für Staatssicherheit. Weder er noch die anderen Monteure in Auschwitz und den weiteren Lagern wurden jemals belangt. Heinrich Messing starb am 27. April 1985 mit 83 Jahren in Erfurt. Die Zusammenarbeit mit dem MfS hatte er bis zu seinem Tode aufrechterhalten. In der Traueranzeige der Familie wird der „von allen geachtete und geliebte“ Heinrich Messing als „Träger der Medaille

‚Für Kämpfer gegen den Faschismus 1933–1945'" gewürdigt. Noch heute wird er im VdN-Ehrenhain auf dem Erfurter Hauptfriedhof geehrt. Auch Friedrich Schillers Name steht auf den Gedenktafeln. Er war ab 1948 in mehreren Unternehmen beim Betriebsschutz tätig und verpflichtete sich 1953 ebenfalls als IM der Staatssicherheit. Bernhard Bredehorn wurde nach rund einem Jahr als Polizeipräsident abgesetzt, wohl weil er „angeblich ohne Wissen der Freunde [der SMAD, A. S.] eine englische Delegation empfing". Danach wurde er Direktor des Wohnungsamtes in Erfurt, 1948 Vermögensverwalter der FDJ des Landes Thüringen und bekleidete ab 1949 bis zu seinem Weggang in den Westen 1956 das Amt des Vorsitzenden des Bezirksarbeitsgerichtes.

Foto: Rebekka Schubert

Ehrenhain für die Verfolgten des Naziregimes (VdN) auf dem Erfurten Hauptfriedhof, 2010
Auf den Tafeln rechts werden die Namen der als VdN Anerkannten nach ihrem Tod eingetragen. Bis auf Bernhard Bredehorn, Fritz Jung und Alfred Schmidt finden sich dort die Namen aller bekannten kommunistischen Arbeiter bei Topf & Söhne (siehe S. 46). Arthur Brauer wird als Artur Brauer aufgeführt.

„Macht ohne Moral“ oder „Moral ohne Macht“?

Nach der Enteignung des Unternehmens im Mai 1947 (bis 1952 *Topfwerke Erfurt VEB*, ab 1957 *VEB Erfurter Mälzerei- und Speicherbau*, kurz EMS) hatte es Ernst Wolfgang Topf nicht mehr nötig, beim Neuaufbau des Familienunternehmens im Westen Rücksicht auf Erfurt zu nehmen. Er ließ den Betrieb am 16. August 1951 ausdrücklich als 1935 gegründete und von Erfurt nach Wiesbaden verlegte Kommanditgesellschaft eintragen. War Ernst Wolfgang Topf gezwungen, sich zu den SS-Geschäften zu äußern, stellte er diese als Hilfe für die Opfer der nationalsozialistischen Vernichtung dar. „Erdbestattungen seien grundsätzlich verboten gewesen“, führte Ernst Wolfgang Topf – als Zeuge befragt – in einem Schreiben an einen der Verteidiger im I.G.-Farben-Prozess im November 1947 aus, „einmal weil Seuchen dies erforderlich machten innerhalb des dichten Zusammenlebens vieler Menschen und zum Anderen, weil grundsätzlich die Urnen an die Hinterbliebenen verschickt werden sollten und mussten, wenn die Verwandten diese im Heimatfriedhof beisetzen wollten.“ Anfang der 1950er-Jahre rüstete J. A. Topf & Söhne Wiesbaden die Krematorien von 16 westdeutschen Städten mit Öfen aus. Doch der erwirtschaftete Gewinn reichte nicht einmal für den Lebensunterhalt der Familie, geschweige denn für den Aufbau des Unternehmens. Im April 1954 verlegte Topf den Sitz seiner Firma von Wiesbaden nach Mainz.

Zu den finanziellen Problemen kam für E. W. Topf Ende 1957 ein weiteres hinzu: seine Vergangenheit im Nationalsozialismus holte ihn wieder ein. Im Herbst dieses Jahres erschien das Buch *Macht ohne Moral* des Journalisten Raimund Schnabel. Er war wegen seines Widerstandes gegen die „Euthanasie“ im Nationalsozialismus verfolgt worden und Häftling im KZ Dachau gewesen. In Schnabels Buch finden sich zwischen Fotos von Leichenbergen und Öfen aus verschiedenen Konzentrationslagern die Abschrift von zwei Dokumenten der Firma Topf. „Das Buch, das auf jeden, der es in die Hand bekommt, einen erschütternden Eindruck macht, ist bei der Stadt Mainz herumgereicht worden“, schrieb Ernst Wolfgang Topf in einer Stellungnahme zur Dokumentation Schnabels im Februar 1958. „Die Folge war, daß die Firma Topf eine moralische Vernichtung erfuhr und deshalb der Unternehmer dieser Firma allseitig abgelehnt worden ist. [...] Es ist keine Phrase, wenn ich mein Haus und sein gesamtes Verhalten in den 12 Jahren des Hitlerreiches mit den Worten kennzeichne: ‚Moral ohne Macht'." Behörden in West und Ost hatten jahrelang die Ahndung der Dienstleistung für den Holocaust, die Topf & Söhne bereitwillig und initiativreich für die SS erbracht hatte, verhindert. Jetzt führten zwei schlecht abgeschriebene, unkommentierte Geschäftsbriefe und Fotos aus den Lagern dazu, dass sich die Geschäftspartner abwandten. Mit solchen Leuten wollten sie nichts zu tun haben, erst recht nicht, wenn sie Macht und Geld gänzlich eingebüßt hatten.

1959 ermittelte die Staatsanwaltschaft Frankfurt gegen Ernst Wolfgang Topf. Zwei weitere Verfahren folgten 1962. Über diese Ermittlungsverfahren ist wenig bekannt. Zu einer Anklageerhebung gegen Topf führten sie nicht. Es ist allerdings gut möglich, dass sie den Ausschlag dafür gaben, dass die seit 1959 ökonomisch nicht mehr existente Firma J. A. Topf & Söhne im März 1963 auch formell

Sammlung Dieter Lux

Ernst Wolfgang und Erika Topf, 1962

aufgelöst wurde. Einen Monat später starb Ernst Wolfgang Topfs Ehefrau Erika im Alter von 52 Jahren. Im Februar 1979 starb er mit 74 Jahren. Durch seine Kooperation mit dem nationalsozialistischen Regime hatte Ernst Wolfgang Topf gemeinsam mit seinem Bruder Ludwig die moralische Integrität und in der Folge auch die ökonomischen Grundlagen seines Unternehmens zerstört. Zeitlebens war er nicht bereit, dies einzugestehen. Zusammenfassend lässt sich sagen, dass es nur eine Staatsmacht gab, die die Dienstleistung der Firma Topf & Söhne für den Holocaust strafrechtlich ahndete – wenn auch ohne rechtsstaatliche Grundsätze und lediglich im Zeitraum 1946 bis 1948: die Sowjetunion.

Wiederentdeckung des historischen Ortes in Erfurt

Anfang der 1990er-Jahre provozierten Anträge auf Rückübertragung der Erfurter Firma sowie des Parkgrundstückes, die Nachkommen der Familie Topf stellten, internationale Empörung. Nach Intervention des Exekutivdirektors des Jüdischen Weltkongresses Elan Steinberg sprach sich auch die Bundesregierung unter Helmut Kohl gegen die Rückübertragung aus. Hartmut Topf, ein Urenkel des Firmengründers, wollte die Ansprüche seiner Verwandten nicht unwidersprochen stehen lassen. Er sprach Ende 1994 auf der ersten Veranstaltung zur Geschichte von Topf & Söhne in Erfurt, die das Europäische Kulturzentrum Thüringen im Haus Dacheröden durchführte. In einem Rundbrief an die Großfamilie Topf schlug er hinsichtlich der Villa vor, „wenn überhaupt Geld aus der Immobilie flüssig gemacht werden kann, sollte es der Wiedergutmachung dienen, [...] oder es sollte der politischen Jugendbildung zukommen, die für Toleranz und Mitmenschlichkeit gegenüber Fremden eintritt." Betrieb und Park wurden nicht zurückgegeben. Ob sich in dem 1993 privatisierten Unternehmen noch historische Quellen finden lassen, haben weder Historiker, Archivare noch Journalisten überprüft.

Einzig der französische Apotheker Jean-Claude Pressac machte sich auf die Suche. Tatsächlich fand er Ende 1993 im Archiv der EMS GmbH eine Vielzahl von Dokumenten und Plänen aus der Zeit vor 1945, darunter solche mit hoher Beweiskraft wie die Zeichnung des ersten mobilen Leichenverbrennungsofens von Kurt Prüfer und die Beschreibung des „kontinuierlich arbeitenden Leichen-Verbrennungsofens für Massenbetrieb" von Fritz Sander. Pressac brachte wesentliche Teile des historischen Betriebsarchivs in seinen Besitz und verwahrte es – unzugänglich für Forschung und Öffentlichkeit – in seinem Haus in Ville du Bois bei Paris auf. Er hatte in den 70er-Jahren aus persönlichem Interesse begonnen, die SS-Bauleitungsakten im Archiv der Gedenkstätte Auschwitz zu untersuchen und war dabei auf die Geschichte der Firma Topf gestoßen. Damals teilte er die Ansichten der Holocaust-Leugner, die die Nichtexistenz der Gaskammern bautechnisch und chemisch beweisen wollen. Im Zuge seiner Forschungen distanzierte sich Pressac öffentlich von den sog. Revisionisten und publizierte 1989 als

Erster Dokumente der SS-Bauleitung in Auschwitz. Sein zweites, 1994 in deutscher Sprache erschienenes Buch *Die Krematorien von Auschwitz. Die Technik des Massenmordes* zeichnete die Geschäftsbeziehung der Firma Topf mit der SS nach. Auch wenn er die Tendenz hat, die Firmeninhaber und Ingenieure zu exkulpieren und die Verbrechungsbeteiligung der Firma für ihn erst bei der Ausstattung der Gaskammern anfängt, hat Pressac unzweifelhaft das Verdienst, die Rolle der Firma Topf im Holocaust in der internationalen Öffentlichkeit thematisiert zu haben.

Sammlung Monique Pressac

Jean-Claude Pressac (1944–2003), 2003

Erst 1998 regte sich unter den Trägern politisch-historischer Bildung in Erfurt das Interesse an Topf & Söhne, angestoßen durch den Berliner Kulturwissenschaftler Eckard Schwarzenberger. Er war bei Archivrecherchen auf den Patentantrag für den „kontinuierlich arbeitenden Leichen-Verbrennungsofen für Massenbetrieb" gestoßen und trug nun das Thema gemeinsam mit dem Europäischen Kulturzentrum, dem DGB-Bildungswerk, der Heinrich-Böll-Stiftung und der Evangelischen Akademie Thüringen in die Erfurter Öffentlichkeit. Hartmut Topf unterstützte die Initiative, die sich ab 1999 als *Förderkreis Geschichtsort Topf & Söhne* konstituierte und Forschungen zur Betriebsgeschichte von J. A. Topf & Söhne verlangte. Ermöglicht wurde dies vom Erfurter Bundestagsabgeordneten Carsten Schneider, der in den 80er-Jahren als Schüler im DDR-Unterrichtsfach „Produktive Arbeit" den VEB EMS kennengelernt hatte, ohne damals etwas von der Rolle des Unternehmens im Nationalsozialismus zu erfahren. Erst als Mitglied des Bundestages wurde er bei einem Besuch der Gedenkstätte Auschwitz und angesichts der Topf-Öfen im Krematorium des Stammlagers mit der

Schuld der Firma aus seiner Heimatstadt konfrontiert. Ab Anfang 2002 bearbeitete die Autorin das bundesfinanzierte Forschungsprojekt *Topf & Söhne* an der Gedenkstätte Buchenwald. Anfang August 2003 verstarb Pressac überraschend. Das Betriebsarchiv wurde gemäß seinem letzten Willen dem Thüringischen Hauptstaatsarchiv Weimar übergeben. Was von Pressacs immensem Forscherdrang jenseits akademischer Pfade bleibt, ist, dass er einen Schatz an Quellen und Erkenntnissen zu Topf & Söhne zusammentrug und damit für die Forschung neue Dimensionen eröffnete. Er war Individualist und Freidenker genug, um sich aufgrund seiner Beschäftigung mit den historischen Quellen von der revisionistischen Position der Holocaust-Leugnung abzuwenden, und er blieb leidenschaftlich bis zuletzt seinem Lebensthema treu.

Als Hauptanliegen formulierte der Förderkreis in seiner Anfang 2004 veröffentlichten Konzeption, das ehemalige Verwaltungsgebäude der Firma in Erfurt für Ausstellungs- und Dokumentationszwecke sowie pädagogische Angebote zu nutzen. 2002 hatte Oberbürgermeister Manfred O. Ruge in einem Interview mit Radio F.R.E.I. dieses Ansinnen mit der rhetorischen Frage abgewehrt, wo denn die „Gedenkveranstaltungen bei dem Bäcker und bei dem Fleischer statt[finden], der [...] Buchenwald mit Brötchen und mit Wurst beliefert hat?“ Dass es auch in der Bevölkerung Ablehnung gab, zeigte ein im November 2005 durchgeführtes *Erzählcafé* mit ehemaligen Mitarbeitern der Nachfolgefirma Erfurter Mälzerei- und Speicherbau. Initiator war der Förderkreis, in dem auch ehemalige Beschäftigte mitarbeiten. In der teilweise sehr erregten Diskussion empfanden einige langjährige Mitarbeiter die Aufarbeitung der Firmengeschichte im Nationalsozialismus als Angriff auf ihre eigene Berufsehre. Topf & Söhne habe die Leute nicht umgebracht, nur ihre Leichen „entsorgt“, war eine Wortmeldung, eine weitere lautete, auch ohne die Öfen wären die Juden ermordet worden. Ende 2003 fiel – nach der befürwortenden Stellungnahme des Buchenwalder Stiftungsdirektors Prof. Dr. Volkhard Knigge – die Entscheidung im Thüringischen Landesamt für Denkmalschutz, das Verwaltungsgebäude aus historischen Gründen unter Schutz zu stellen. Damit hatte zum ersten Mal eine staatliche Institution die Bedeutung des historischen Ort anerkannt. Auf Einladung der Stadt berichtete die Autorin am 27. Januar 2005 über ihre Forschungsergebnisse. Zur öffentlichen Wahrnehmung des Themas trugen auch zahlreiche studentische und künstlerische Projekte auf dem historischen Firmengelände bei. Veranstaltungen und Führungen wurden vor allem durch das *Besetzte Haus* organisiert, ein seit 2001 auf dem Gelände beheimatetes autonomes Kulturzentrum.

2005 wurde die Wanderausstellung *Techniker der ‚Endlösung'. Topf & Söhne – Die Ofenbauer von Auschwitz* der Stiftung Gedenkstätten Buchenwald und Mittelbau-Dora im Jüdischen Museum in Berlin mit nationalem und internationalem Medieninteresse eröffnet. Die Resonanz auf die Ausstellung wirkte zurück auf die Kommunalpolitik in Erfurt. Im August 2005 vereinbarten Oberbürgermeister Ruge und Stiftungsdirektor Knigge, dass sie zukünftig ihren ständigen Sitz in Erfurt im ehemaligen Verwaltungsgebäude von Topf & Söhne finden sollte. Die Autorin wurde von der Stadt mit der Erarbeitung einer Konzeption für den Erinnerungsort beauftragt. Am 21. November 2007 beschloss der Stadtrat einstimmig das Konzept, in dem es heißt: „Durch die Schaffung eines

Foto: Jüdisches Museum Berlin, Sabeth Stickforth

Volkhard Knigge, Carsten Schneider, Annegret Schüle, Rikola-Gunnar Lüttgenau, Cilly Kugelmann, Johanna Wensch und Friedemann Rincke (v. l. n. r.) bei der Eröffnung der Ausstellung *Techniker der ‚Endlösung'. Topf & Söhne – Die Ofenbauer von Auschwitz* am 19. Juni 2005 im Jüdischen Museum Berlin

Erinnerungsortes in den Zeichensälen im früheren Verwaltungsgebäude nimmt die Stadt Erfurt ihre Verantwortung gegenüber der Geschichte wie auch gegenüber einer demokratischen und humanen Zukunft wahr. Sie trägt entscheidend dazu bei, dass das historische Wissen um die Mitbeteiligung der Firma Topf & Söhne am Holocaust pädagogisch fruchtbar gemacht werden kann." Der Freistaat Thüringen und die Bundesregierung finanzierten die Aufbauphase im Rahmen der Gedenkstättenkonzeption mit einer Million Euro. Seit Januar 2008 hat das gesamte Firmengelände, das sich zuletzt im Besitz der Gläubigerbanken befunden hatte, einen neuen Eigentümer: die Domicil Hausbau GmbH & Co KG in Mühlhausen. Sie sanierte das Verwaltungsgebäude und vermietete zwei Etagen sowie die Außenfläche an die Stadt. Trotz zahlreicher Bemühungen von Förderkreis und Stadtratsmitgliedern um eine friedliche Lösung scheiterten im Januar 2009 die Verhandlungen zwischen der Stadt Erfurt und dem *Besetzten Haus* über eine räumliche Alternative für das autonome Kulturzentrum. Der Eigentümer, der zunächst ebenfalls eine einvernehmliche Lösung wollte, erwirkte schließlich ein Räumungsurteil beim Landgericht und ließ das *Besetzte Haus* am 16. April durch die Polizei räumen.

Foto: Kastner Pichler Architekten, Köln

Der Erinnerungsort Topf & Söhne im ehemaligen Verwaltungsgebäude der Firma, 2011

Von 2005 bis 2010 war die Ausstellung *Techniker der ,Endlösung'* mit großer Resonanz an neun Orten in Deutschland und im europäischen Ausland gezeigt worden. 2011, 66 Jahre nach der Befreiung von Auschwitz durch die Rote Armee, wurde sie – erweitert und um eine Außenausstellung ergänzt – dauerhaft im Erinnerungsort Topf & Söhne in Erfurt eröffnet. Die historischen Dokumente und die originalen Zeichentische kehrten in die Zeichensäle im ehemaligen Verwaltungsgebäude zurück. Aus den Zeichnungen und Geschäftsbriefen, die damals gefertigt wurden, um die SS bei ihren Massenverbrechen zu unterstützen, wurden Zeugnisse, die Menschen heute und in Zukunft daran erinnern, dass Arbeit, Technik und menschliche Verantwortung nicht zu trennen sind.

Schlussbetrachtung

Festzustellen ist, dass nach Quellenlage alle, die bei Topf & Söhne von Berufs wegen und aufgrund ihrer Funktion im Unternehmen mit der Abwicklung der SS-Geschäfte befasst waren, freiwillig mitmachten. Alle Verweise auf Zwang stammen aus der Zeit nach den sowjetischen Verhaftungen 1946 und sollen Schuldvorwürfe abwehren. In den ersten, freiwilligen Rechtfertigungen, zum Beispiel gegenüber dem Betriebsrat im April 1945, ist dagegen von Zwang keine Rede. Auch findet sich dafür in den Dokumenten aus der Zeit vor 1945 kein einziger Anhaltspunkt. Stattdessen gibt es dort zahlreiche Hinweise auf Handlungsspielräume der Firma und Einzelner, freiwilliges Mittun und eigene Initiative. Die Beteiligung des Unternehmens an der Massenvernichtung wurde von einem Konsens in der Funktionselite des Betriebes getragen. Von den 24 Mitarbeiten, die im August 1938 für ihre Verdienste mit einer Ehrennadel ausgezeichnet wurden, waren acht an den späteren SS-Geschäften beteiligt: Gustav Braun, Paul Erdmann, Ferdinand Herlitzius, Arno Imhof, Max Machemehl, Florentin Mock, Fritz Sander und Max Schuchardt. Ludwig und Ernst Wolfgang Topf trugen die größte Verantwortung, auch für das Tun ihrer Mitarbeiter. Sie hätten die gesamte Arbeit für die SS verhindern können. Kurt Prüfer durfte zwar keine Geschäfte selbstständig abschließen, trieb aber durch seine Initiativen die Arbeit für die SS entscheidend voran. Ein Monteur dagegen konnte nur verhindern, sich selbst an den Verbrechen zu beteiligen. Für sein eigenes Tun trägt auch er die Verantwortung.

Die Umstände, unter denen diese Männer handelten, sollen nicht verharmlost werden. Sie lebten unter einem verbrecherischen Regime und in einer Gesellschaft im Krieg. Da über 600 Männer zum Kriegsdienst eingezogen wurden, war es durchaus ein Privileg, „uk“ gestellt zu werden und damit der Todesgefahr an der Front zu entkommen. Der Fall Georg Reinl zeigt allerdings, dass es möglich war, sich ohne negative Folgen durch die Firmenleitung von der Tätigkeit in der Rüstungsproduktion entbinden zu lassen. Warum hätte dasselbe nicht für die KZ-Aufträge gelten sollen? Auch wird in der Belegschaft ja nicht unbemerkt geblieben sein, dass sich die Brüder Topf eher überzeugter Nazis, die im Betrieb mitregieren wollten, entledigten als der kommunistischen Arbeiter. Nur – es ist in den Quellen kein Fall überliefert, dass ein Beteiligter auch nur versucht hätte, sich von der Arbeit in Buchenwald,

Auschwitz oder einem anderen Lager entbinden zu lassen. Am wenigsten wissen wir über die nichtkommunistischen Topf-Monteure in Buchenwald und Auschwitz wie Martin Holick und Wilhelm Koch. Sie waren keine politisch Verfolgten, hatten keine KZ-Haft hinter sich. Sie waren jahrzehntelang im Unternehmen, Holick seit 1898. Als er 1942/43 ein Jahr in Auschwitz verbrachte, beging er dort seinen 69. Geburtstag. Es ist schwer vorstellbar, dass er seine UK-Stellung verloren hätte und (in seinem Alter) an die Front geschickt worden wäre, wenn er die Arbeitseinsätze in den Lagern verweigert hätte. Es bleiben als Motive Ergebenheit und fehlgeleiteter Facharbeiterstolz, übertragene Aufgaben wofür und wo auch immer handwerklich zu meistern.

Die überlieferten Zeugnisse zeigen die Beteiligten in ihrer beruflichen Rolle. Die moralische Ungeheuerlichkeit ihrer Verbrechensbeteiligung wird höchstens punktuell angedeutet, eine Auseinandersetzung damit ist aus den Quellen nicht ersichtlich. Die Ingenieure im Feuerungsbau, vor allem Kurt Prüfer und Fritz Sander, sahen in dem Massensterben und -morden eine technologische Herausforderung. In ihren Dokumenten ist die Rede von Leistung, Stück (für Leichen), Verbrennungsobjekten und Leichenteilen. Indem die Ingenieure mit Hilfe ihrer technizistischen Sprache davon abstrahierten, dass es sich um ermordete Menschen handelte, konnten sie die Auseinandersetzung auf der Ebene technischer Fragen führen. Dass sich die Brüder Topf bei ihren Geschäften mit einer menschenvernichtenden Diktatur einreden konnten, anständig zu bleiben, hatte den realen Hintergrund, dass sie es gegenüber ihren Mitarbeitern tatsächlich geblieben sind. Wichtigster Kronzeuge für die „Anständigkeit" der Brüder Topf war aufgrund seiner jüdischen Herkunft Willy Wiemokli. Es verwundert angesichts der zu Beginn ausgeführten liberalen, sozialen und freidenkerischen Prägung durch das Elternhaus und den Firmenpatriarchen Ludwig Topf sen. nicht, dass die moralische Kategorie der „Anständigkeit" zur Familien- und Firmenmoral erklärt wurde. Auffällig ist vielmehr, dass die nicht nur behauptete, sondern auch im Betrieb praktizierte Anständigkeit insbesondere im Verhalten gegenüber sog. Halbjuden, Sozialdemokraten und Kommunisten die Mittäterschaft bei den Verbrechen in den Lagern nicht verhinderte. Paradoxerweise hat die „Betriebsfamilie" die Verbrechensbeteiligung vermutlich noch unterstützt. Die Konstruktion, die Zusammenarbeit mit der SS als eine gewöhnlichen Geschäftsbeziehung zu begreifen, funktionierte deshalb so gut, weil alle mitmachten, von oben bis unten – die dem Regime distanziert gegenüberstehenden Brüder Topf, die technizistisch denkenden und miteinander konkurrierenden Ingenieure, die für den gewährten Schutz dankbaren Opfer antisemitischer Verfolgung und die politischen Regimegegner.

Bei Topf & Söhne trafen Menschen aufeinander, die auf ganz unterschiedliche Weise von den Ausgrenzungspraktiken der Nationalsozialisten weniger oder mehr bedroht waren, aber verschont blieben: Obwohl sie als „Judengenossen" beschimpft wurden, retteten die Brüder Topf das Familienunternehmen für sich; obwohl Willy Wiemokli und einige andere Mitarbeiter antisemitischer Verfolgung ausgesetzt waren, überlebten sie den Nationalsozialismus; obwohl als Kommunisten oder Sozialdemokraten bekämpft und zuvor in Haft, fanden politische Aktivisten im Betrieb Arbeit, Anerkennung und ein politisches Betätigungsfeld und mussten nicht an die Front. Bei Topf & Söhne waren sie in einem geschützten Raum, nur wurden sie gleichzeitig durch die Geschäfte mit der SS mitverantwortlich für die Katastrophe um sie herum. Ihre Mittäter- und Mitwisserschaft schuf starke Bindungskräfte zwischen ihnen. Sie wurden zur Überlebensgemeinschaft ohne moralischen Kern. Aus Sicht der Autorin ist es zulässig, die Männer an ihrem eigenen Anspruch zu messen. Ein Kommunist, der die nationalsozialistische Diktatur bekämpfte (und dem nach 1945 als in der DDR anerkannter Verfolgter des Naziregimes Ehrungen und soziale Vergünstigungen zuteil wurden), hatte durch sein politisches Bewusstsein mehr Gründe, gegen die SS-Geschäfte der Firma aktiv zu werden als eine in ihrem Eigenverständnis unpolitische Sekretärin der Geschäftsleitung. Auch die Brüder Topf sind nicht nur an ihrer Verantwortung als Chefs, sondern auch an ihrem eigenen Anspruch zu messen, das NS-Regime angeblich bekämpft zu haben. Es ist ja nicht so, dass diese Männer und Frauen überhaupt keine Risiken eingingen und sich völlig anpassten. Auch die Verteidigung von Betriebsangehörigen gegenüber der Gestapo, das Schimpfen auf die Politik, das Abhören von „Feindsendern" und der Kontakt zu sowjetischen Zwangsarbeitern waren nicht ungefährlich. Aber diese Risiken entsprachen ihrem jeweiligen Welt- und Selbstbild, je nachdem, ob sie als Familienunternehmer den Gestus einer anti-nationalsozialistischen Betriebsgemeinschaft pflegten oder ob sie sich als Kommunisten mit der Sowjetunion verbunden fühlten. Einen großen und mächtigen Kunden wie die

SS zu verlieren, eine neue Marktchance zu verpassen, auf technische Lösungen zu verzichten, schlechte oder unbrauchbare Qualität abzuliefern – dieser Bruch mit den im Arbeitsleben gültigen Normen passte dagegen offensichtlich zu keinem Zeitpunkt in den Horizont des Unternehmens und seiner Mitarbeiter. Vom Firmeninhaber über den Konstrukteur und Arbeiter bis zum kaufmännischen Angestellten und der Sekretärin verhielten sie sich in den Geschäften mit der SS so, wie es ihrer Funktion und Stellung im Betrieb entsprach und wie es ihnen persönlich am zweckmäßigsten und vorteilhaftesten erschien.

Der Weg vom Parteieintritt der Brüder Ludwig und Ernst Wolfgang Topf im Jahre 1933 bis zur Geschäftspartnerschaft mit der SS sechs Jahre später war vorgezeichnet, mit Sicherheit aber nicht ohne Alternativen. 1939 ging es nicht wie 1933 um „das Ganze" für die Brüder Topf, das Unternehmen stand für sie nicht mehr auf dem Spiel. Auch hätten die in dieser Zeit mit dem Regime gesammelten Erfahrungen, nicht zuletzt durch den unmittelbaren Kontakt mit verfolgten Kommunisten und Belegschaftsangehörigen jüdischer Herkunft sowie mit jüdischen Freunden und Bekannten zu einem Umdenken führen können. Weder die Nichtaufnahme der Geschäftsbeziehung mit der SS 1939 noch ein späterer Ausstieg hätte für die Brüder Topf Konsequenzen gehabt. Doch für diese Haltung fehlte es ihnen offensichtlich an Willen und moralischer Stärke. Es war Zufall, dass gerade bei den Mitarbeitern von Topf & Söhne das Produktionsprofil zur Verfügung stand, mit dem sie zu Technikern der „Endlösung" wurden. Es brauchte ein verbrecherisches Regime, staatliche Aufträge und Privilegien, aber keine individuelle rassistische Überzeugung und keinen Zwang von außen, damit normale Menschen das Gebot des Respekts vor dem Leben anderer in ihrem beruflichen Tun brutal missachteten. Übliche, eigentlich unverdächtige Interessen und Praktiken im beruflichen Alltag wie Umsatzsteigerung, Konkurrenz und Ehrgeiz sowie das Zusammenspiel der „Betriebsfamilie" unterstützten über hierarchische und politische Grenzen hinweg ein berufliches Handeln, bei dem Fragen der Moral und Mitmenschlichkeit außerhalb eigener Gemeinschaftsgrenzen keine Bedeutung mehr hatten.

Akürzungsverzeichnis

Antifa	Antifaschistisch
APMO	Staatliches Museum Auschwitz-Birkenau
BArch	Bundesarchiv
BStU	Der Bundesbeauftragte für die Unterlagen des Staatssicherheitsdienstes der ehemaligen DDR
CIC	Counter Intelligence Corps (Spionage- und Sabotageabwehr der US-Armee)
DDR	Deutsche Demokratische Republik
DMA	Archiv des Deutschen Museums München
EMS	Erfurter Mälzerei- und Speicherbau
FDJ	Freie Deutsche Jugend
Gestapo	Geheime Staatspolizei
I.G. Farben	Interessen-Gemeinschaft Farbenindustrie AG
IM	Inoffizieller Mitarbeiter (des Ministeriums für Staatssicherheit)
KPD	Kommunistische Partei Deutschlands
KZ	Konzentrationslager
MfS	Ministerium für Staatssicherheit
NARA	National Archives (Washington)
NS	Nationalsozialismus, nationalsozialistisch
NSDAP	Nationalsozialistische Deutsche Arbeiterpartei
PG	Parteigenosse (Mitglied der NSDAP)
RM	Reichsmark
SA	Sturmabteilung
SD	Sicherheitsdienst
SED	Sozialistische Einheitspartei Deutschlands
SKK	Sowjetische Kontrollkommission
SMAD	Sowjetische Militäradministration Deutschland
SMERSCH	Smert schpionam (dt.: Tod den Spionen, sowjetische militärische Spionageabwehr)
SS	Schutzstaffel
StadtA Erfurt	Stadtarchiv Erfurt
ThHStAW	Thüringisches Hauptstaatsarchiv Weimar
T&S	Erinnerungsort Topf & Söhne – Die Ofenbauer von Auschwitz
UdSSR	Union der Sozialistischen Sowjetrepubliken

Uk, U.K., U.k.	unabkömmlich (für den Einsatz im Zweiten Weltkrieg)
U.S., US	United States
USPD	Unabhängige Sozialdemokratische Partei Deutschlands
VdN	Verfolgter des Naziregimes
VEB	Volkseigener Betrieb

Literatur (Auswahl)

Assmann, Aleida/Frank Hiddemann/Eckhard Schwarzenberger (Hg.): Firma Topf & Söhne – Hersteller der Öfen für Auschwitz. Ein Fabrikgelände als Erinnerungsort?, Frankfurt/New York 2002

Friedler, Eric/Barbara Siebert/Andreas Kilian: Zeugen aus der Todeszone. Das jüdische Sonderkommando in Auschwitz, Lüneburg 2002

Greif, Gideon: „Wir weinten tränenlos ...“. Augenzeugenberichte des jüdischen „Sonderkommandos“ in Auschwitz, Köln 2001 (zuerst 1995)

Hilberg, Raul: Die Vernichtung der europäischen Juden, 3 Bände, Frankfurt am Main 1999 (zuerst 1982)

Inmitten des grauenvollen Verbrechens. Handschriften von Mitgliedern des Sonderkommandos, hg. vom Staatlichen Museum Auschwitz-Birkenau, Oświeçim 1996

Kratz, Philipp: Ernst Wolfgang Topf, die Firma J. A. Topf & Söhne und die Verdrängung von Schuld in der Nachkriegszeit, in: Zeitschrift für Geschichtswissenschaft 56 (2008) 3, S. 249–266

Münzel, Sascha/Eckart Schörle: Erfurt Feldstraße. Ein frühes Lager im Nationalsozialismus, Erfurt 2012

Perz, Bertrand/Florian Freund: Auschwitz neu? Pläne und Maßnahmen zur Wiedererrichtung der Krematorien von Auschwitz-Birkenau in der Umgebung des KZ Mauthausen im Februar 1945, in: Dachauer Hefte 20, München 2004

Pressac, Jean-Claude: Die Krematorien von Auschwitz. Die Technik des Massenmordes, München/Zürich 1994

Schüle, Annegret: Technik ohne Moral, Geschäft ohne Verantwortung, in: Fritz Bauer Institut (Hg.): Im Labyrinth der Schuld. Täter – Opfer – Ankläger. Jahrbuch zur Geschichte und Wirkung des Holocaust 2003, Frankfurt/New York 2003, S. 199–229

Schüle, Annegret: Industrie und Holocaust. Topf & Söhne – Die Ofenbauer von Auschwitz, Göttingen 2011 (2. Aufl.)

Sparkassen-Kulturstiftung Hessen-Thüringen (Hg.): ausgezeichnet! Museumspreis der Sparkassen-Kulturstiftung Hessen-Thüringen. Erinnerungsort Topf und Söhne – Die Ofenbauer von Auschwitz, Frankfurt a. M. 2014

Steinbacher, Sybille: Auschwitz. Geschichte und Nachgeschichte, München 2007 (2. Aufl.)

Techniker der „Endlösung“. Topf & Söhne – Die Ofenbauer von Auschwitz, hg. von Volkhard Knigge in Zusammenarbeit mit Annegret Schüle und Rikola-Gunnar Lüttgenau im Auftrag der Stiftung Gedenkstätten Buchenwald und Mittelbau-Dora, Weimar 2005 (Begleitband zur gleichnamigen Ausstellung)

Van Pelt, Robert Jan/Deborah Dwork: Auschwitz. Von 1270 bis heute, Zürich/München 1998